横浜・野毛大道芝居の日々

野毛風太郎・著

山中企画

横浜・野毛大道芝居の日々＊目次

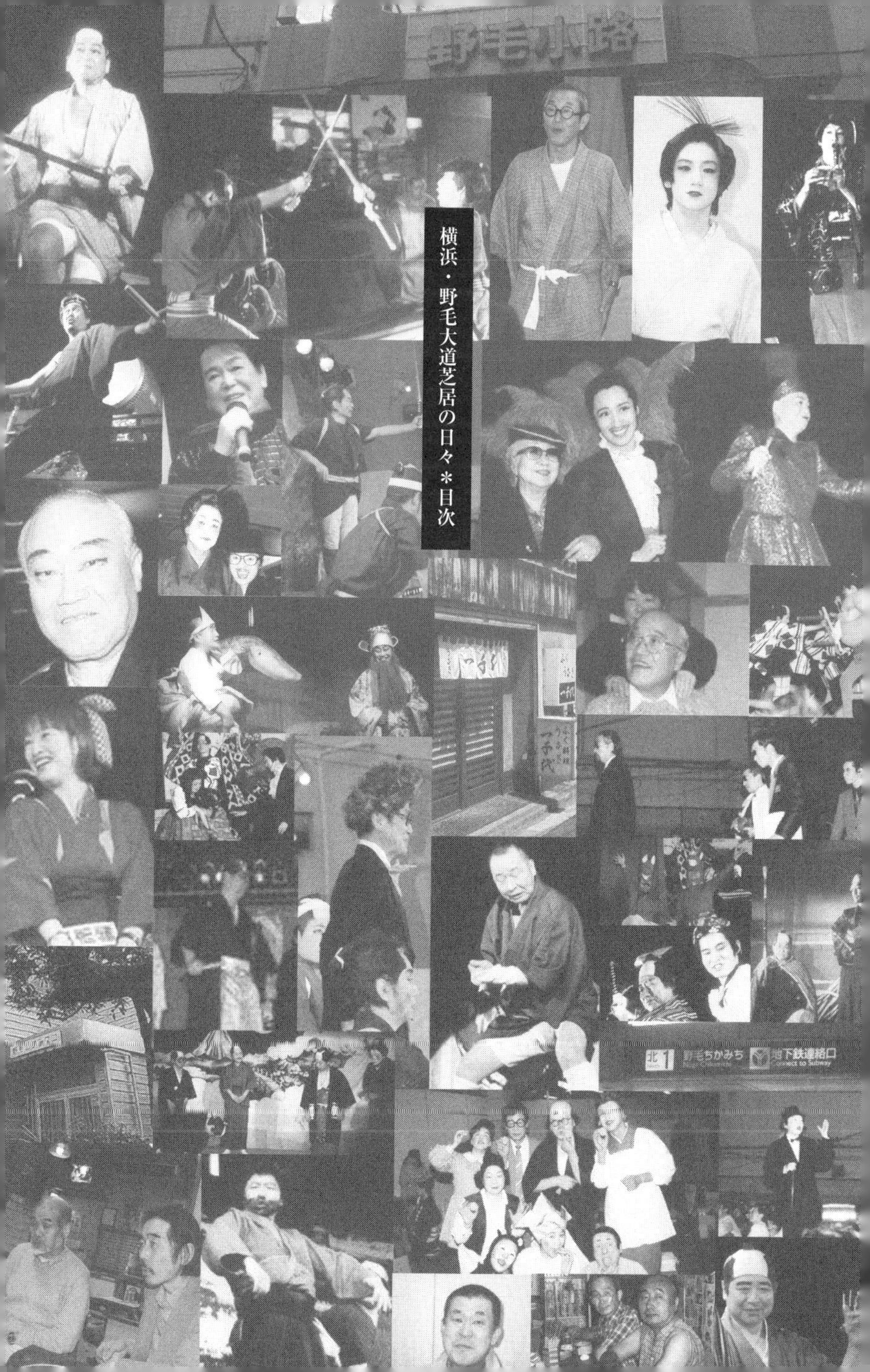

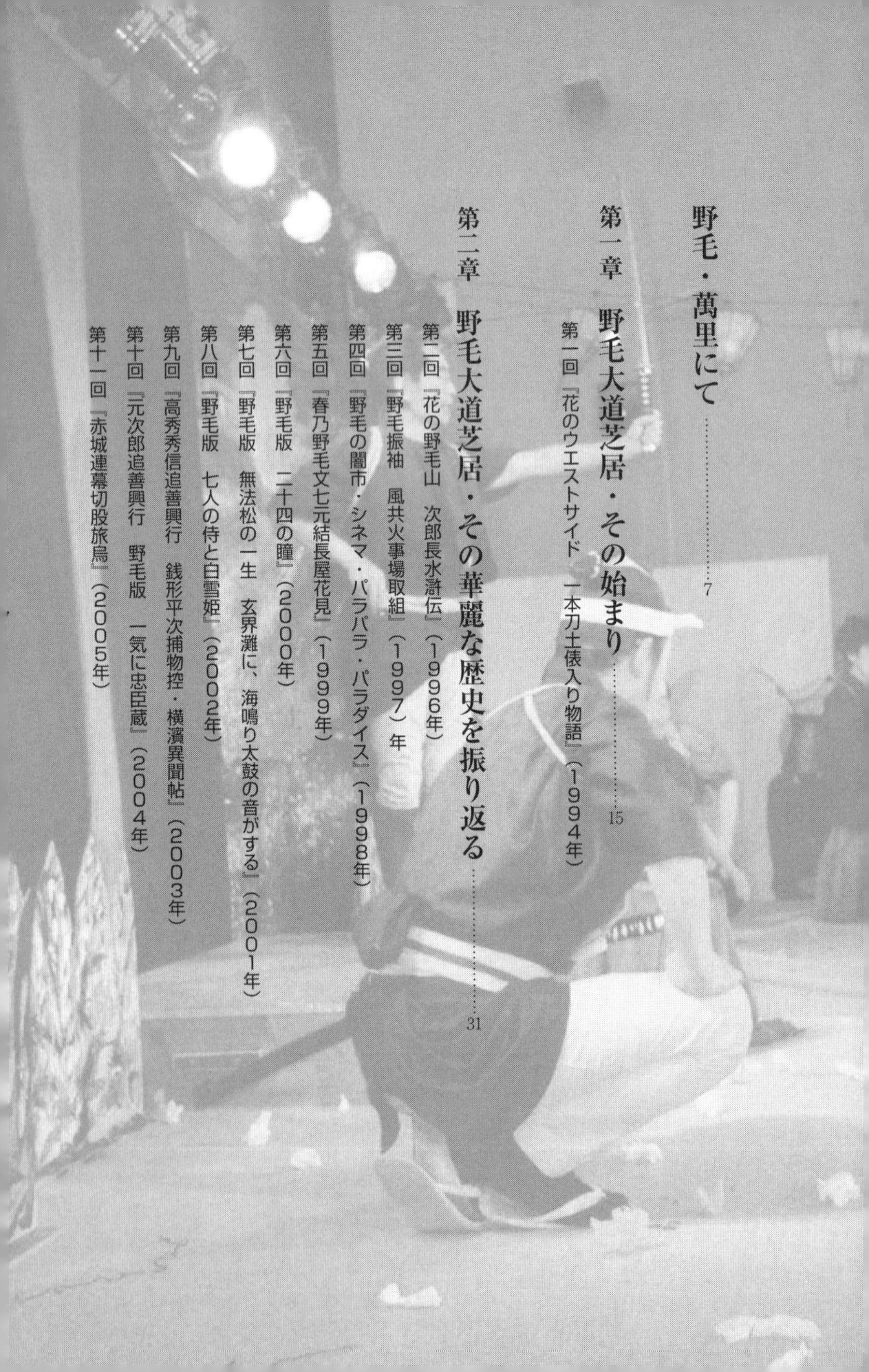

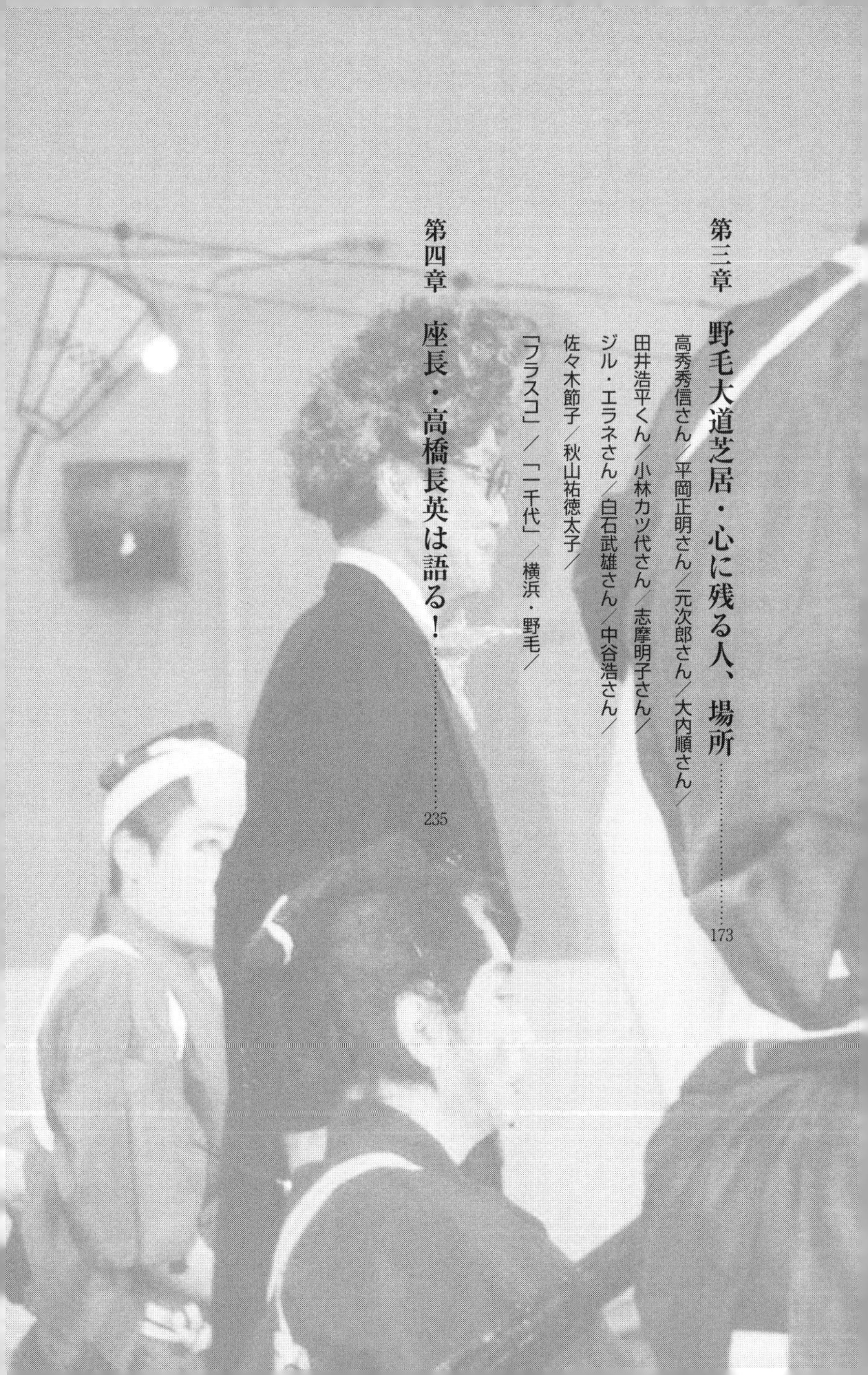

野毛・萬里にて

YOKOHAMA
NOGE
DAIDOUSHIBAI

ＪＲ横浜駅から、京浜東北線大船方面に一駅行くと、桜木町駅がある。

南改札を出て左側に折れれば、超近代的ビルが立ち並ぶ「みなとみらい」。一方、右に折れ、通称「野毛ちかみち」と呼ばれる地下道を抜けて表に出ると、そこは、昭和から時間が止まったような飲食店街・野毛。

「みなとみらい」と野毛、こういうのが隣り合ってるのが横浜の魅力だよなァ、てなことを呟きつつ野毛小路の中を入っていく。

すぐに中華料理「萬里」がある。

なんと、この店のご主人こそ、野毛の大道芸フェスティバルを立ち上げた仕掛け人であり、かつ、「ちかみち」入り口に純金の玉を置いて「金玉（ゴールデンボール）ゲート」と名付けて「ヨコハマ名物」にしよう試みて挫折もした福田豊であった。

要するに、思いついたら、何でもやろうとする人。

「萬里」の屋上で金粉ショーをやる、とか、タリバンとアルカイダとＩＳ呼んで芝居やりたい、とか、しょっちゅう突拍子もないアイデアを出すので、地元の人たちは、彼を
「嘘つき萬里」

野毛ちかみち入り口。

とも呼ぶ。

ちなみに、「ちかみち」の命名者も福田なのだ。「地下」「近」「親（ちか）しい」の三つの意味が込められているとも。

一応、「金玉ゲート」計画ももう少し詳しく書いておく。直径30センチの、本物の純金で作った金のタマを、階段のところに、ちょうどジャンプしても触れるか触れないくらいの高さで天井から吊るす。それが、夕日が落ちて月がのぼる時に月光で輝くさまは美しく、そのタマを取ろうとして階段を転落する人は数知れないだろう、というのだ。

だが、ネックは金のタマ一つに2千万円かかることだった。周囲が、「そんなバカな話に町のカネを使えるか」と答えたのは、いうまでもない。

彼が、自分が考えた計画にひきづり込もうとする手口は、ストレート、かつ巧妙だ。まず、「萬里」自慢の餃子を、タダで、食べたいだけ食べさせる。「ギョーザ接待」。それでおもむろに、

「実は今、こういうことやりたいんだけど……」

と言って、自分のアイデアを実現させる仲間に引き入れようとする。これを受けた相手は、一宿一飯の恩義から、なかなか断れない。

で、今回も、呼ばれて行くと、さっそく、さりげなく餃子が出てくる。食べたら最後、申し出を断れないのはわかりつつ、美味いので、ついつい食べてしまう。

食べたのを確認した上で、福田はおもむろに語りだした。

「大道芝居、面白かったんだよねぇ」

ごく簡単にいえば、この大道芝居とは、正式名称は「野毛大道芝居」。

野毛大道芸フェスの中で行われていたイベントで、1994年4月に本当に野毛の大道でスタートしてから、11回に渡って続いた。これもまた、仕掛け主は、誰あろう「嘘つき萬里」だったのだ。

「サイコーだったよ。それこそ年齢も、仕事も、芝居に対するやる気もみんなバラバラな人たちが集まって、それで芝居作っちゃったんだから。もう笑うしかない」

福田が楽しそうに振り返る。

どうやら大道芝居のメンバーは、座長の高橋長英をのぞいて、ほぼシロートはっかり。それも、評論家・平岡正明を筆頭に現役の横浜市長から芥川賞作家といった人たちもいれば、前衛芸術家、料理研究家、さらには野毛の飲み屋のオジサンや県の職員、元ヤクザと噂される人から小学生まで混じる「超ごった煮」だったらしい。

しかも、多くは自分勝手で、面白いこと、やりたいこと以外は一切しない、という人たち。

「ところが、長英さんや平岡さんたちと話して、みんな平等、って決めてやっていったら、割とうまく続いたんだな。ギャラは来たお客さんからもらった「投げ銭」だけ。市長さんも小学生も、もらう額は全員一緒。誰からも文句は来ない」

野毛の街が、また場所としてピッタリだったのかもしれない、と福田は言う。もともとがゼロから始まった闇市の街。どこか「治外法権」で、世の中の常識や権威から切り離された空間だった。だからこそ、へんなゲリラ的エネルギーが結集しやすい。

普段はまったく違う世界にいる人たちが年に1か月だけ稽古に集い、2日間の本番を迎える。

「一種のユートピアだったな、あれは」

福田の話を聞いていると、まるで自分までその人たちと同じ大道の舞台に立って、芝居をしている気分になる。と、福田、いきなり、

「ね、楽しそうでしょ。それで、今、大道芝居の思い出をまとめた本を作りたいと思ってるんだ。手伝ってくんない？」

あ、やっぱり「ギョーザ接待」だった。

まあ、いいか。餃子は食べちゃったし、大道芝居のことは、もう少し詳しく知りたいし。

さっそく、取材を始めてみよう。

第一章　野毛大道芝居・その始まり

YOKOHAMA
NOGE
DAIDOUSHIBAI

第一回（1994年）

『花のウエストサイド一本刀土俵入り物語』

それは「嘘つき萬里」の思い付きからスタートした

どんな場合でも、始まりは、ある人間のふとした思い付きだ。そして思い付きに関しては、野毛界隈で定評のある「嘘つき萬里」福田豊が、いた。

すでに大道芸フェスティバルが軌道に乗り、「野毛流し芸」なるイベントも大道芸フェスにくっつけて始まっていた。

昼に大道芸で盛り上げるなら、日暮れになったら、今度は新内流しや尺八や、粋な夜の芸でお客さんを楽しませよう、というわけだ。屋台が出て、植木市なんかもあって、そこに流し芸もやってくる。

１９９３年、野毛から発信されたイベントは次々に当たっていた最中であり、すでに大道芸フェスは17回、流し芸も5回目を迎えようとしていた。

当然、仕掛け人の一人である福田ももっと新しいことをやりたかった。たとえ行き当たりばったりでも良い。

そんな時に、あるヒントを与えてくれたのが、野毛商店街の重鎮、居酒屋「叶家」の主人だった中谷浩だった。

「なあ、「一千代」なんとかならないか？　みんなで盛り立ててやろうじゃないか」

当時、商店街でもうなぎとふぐ料理の店「一千代」はちょっと心配のタネだったのだ。三代目主人の「誠ちゃん」こと、関口誠一は人はいいし、真面目だしで、一帯でも人気者。ただ、どうも商売っ気がなく、客がうな丼を注文してもなかなか出てこなかったり、ぶっきらぼうであまり愛想もなかったりで、客の入りが芳しくない。

聞いた福田が、ひらめいた。

「よし、「一千代」を使って、夜、芝居をやってみよう！」

さすがに「金玉ゲート」を思い付くだけの男である。

その構想は、いささか現実離れしている。野毛中央通りに面した二階建ての「一千代」は、時代劇のセットのような風情がある。だったら、そこで『一本刀土俵入り』をやったらいいじゃないか。

主人公の取的・駒形茂兵衛が、無一文のまま空腹を抱えて取手宿に差し掛かる。それを見かねた安孫子屋の酌婦・お蔦が、櫛、かんざし、巾着まで恵んであげるという、あの名場面だ。

お蔦が姿を現す安孫子屋二階が、「一千代」の二階とピッタリ合う。駒形茂兵衛は、下の路地を歩いてやって来ればいい。

しかし、たとえ、そう道幅が広くないとはいっても、その路地は公道だ。使用許可は取らなくてはいけない。それにまさしく屋外の往来で芝居をやるとして、いったい観客にはどこから見てもらえばいいのか?

福田は、そういうハードルで立ち止まったりしない。まず動く。

芝居には役者が欠かせない、と声をかけたのが、生まれも育ちも地元・横浜の名優・

高橋長英。野毛のバー『R』で飲んでた。

「大道で芝居やろうよ」「いいね、やろう」

あっさりOKが出たところに、取材で、長英にインタビューをしに来た朴慶南がやってきた。今度は長英が慶南に、

「あなたも出てくれない？」「いいわよ」

これが発火点となって、どんどん「出演者」が集まっていく。平岡正明も、荻野アンナも、シャンソン歌手の元次郎も、みんな福田とは昔からの腐れ縁だ。しかも「面白そうなこと」には目がない。

「夜、野毛の道端で芝居？　面白そうじゃない」

というわけだ。

「ごった煮芝居」

話が進みだすと、構想も「雪だるま」になっていく。

どうせ、「一千代」二階と下の路地で芝居をするなら、その向かいの店も巻き込ん

でしまえばいいじゃないかー、となったのだ。その、向かいのバー「つばき」の二階がまた、和風の「一千代」と対照的な洋風な窓で、実にシャレている。

女が二階にいて、男が路上、となれば、まず連想されるのが『シラノ・ド・ベルジュラック』。だが、派手さでは、ダンス満載の『ウエストサイドストーリー』の方がいいのではないか、となって、なぜか、同じ空間に、まず駒形茂兵衛が歩き、続いてジェット団とシャーク団が踊りまくる、奇妙な芝居が出来上がった。

しかも、取り立てて必然性もなく、地元・野毛のサンバ・サウーヂのダンスまで加わる。

この、ほとんど無縁の二つのストーリーを強引に結び付け、さらにその流れとは一切無縁の「賑やかし」をぶち込む、という芝居作りは、その後の大道芝居にも踏襲され、ほぼ定番となった。

つまり大道芝居は、「ごった煮芝居」でもあるのだ。

道路の使用許可もおりた。「一千代」と「つばき」の間の道を舞台に見たて、その前後にブルーシートを敷いて客席とすることとなった。楽屋は「一千代」の二階で、出演者は「一千代」の玄関を出て登場してくるわけだ。

舞台は路上と「一千代」二階。

配役も、どんどん決まっていく。『一本刀』のお蔦役は白塗りの座長・高橋長英。駒形茂兵衛は、偶然、「芝居やろう」という場にいた朴慶南。相撲取りの役なので肉襦袢を着せられて太らされる。そこはちょっとイヤだったらしい。『ウエストサイド』では、主役のトニーが荻野アンナ、平岡正明はシャーク団のボスだ。

他にも元次郎や、刺青師の見角貞利、トンカツ屋「パリ一（いち）」の息子で小学3年だった田井浩平、それにジャグラーのマサヒロ水野をはじめとした大道芸のメンバーも加わった。

怒涛のように進んでいった

本番は1994年4月15日16日の2日間で、夕方から1日2回のトータル4回公演。入場料は一切ないが、観客は、気に入れば紙に包んだオヒネリを投げる。いわゆる「投げ銭」形式。大道芸の王道だ。もちろんつまらなければ、びた一文払う必要はない。

これを、座長以外、ほぼシロートばかりの集団でやろうっていうのだから、けっこう度胸がいる。

準備も大がかりだった。

ただ、内容があまりにもハチャメチャで、観客が付いてこれなくなってしまうのは怖い。

そこで、芝居全体をコントロールし、出演者がセリフを忘れたときなどに助け舟を出せる弁士役を置いた。場面転換に鳴らす拍子木の柝頭として、地元の図書館職員だった大内順も参加している。

脱線しそうになったら、この人たちにフォローしてもらおうという「セーフティネット」だ。

それなりに主催者側もいろいろ考えてはいるのだ。

本番前、裏はシッチャカメッチャカであった。大道芝居の音響担当として第一回目から参加した渋澤栄三によると、

「電源をどこから持ってくるかが、一番難題でした。特に照明さんが困ってました。「一千代」の電源だけじゃ、とても間に合わない。結局、「萬里」から太いケーブル3本使って電気引っ張ってきて、なんとかしましたが、いつ切れるか、ヒヤヒヤもんでした。音響・照明卓を「一千代」の二階にセットしたわけですが、金曜土曜の夜でしょ。酔っ払いも多いし、あちこちから、いろいろな音が入る。出演者はシロートで声の小

さい人が多いんで、こちらも楽じゃなかったですよ」

物干しざおにマイクを付けて、二階から垂らして音を拾ったという。2日で使った電気量が、なんと20万円。

当然、渋澤をはじめ、照明の五島宗三郎、衣装の阿部美千代などのスタッフはプロ。要するに、プロでなくては、こんな、難題だらけの芝居を支えられないのだ。

一方、「一千代」二階の座敷では、町内会の役員たちが宴会の真っ最中。そこへ、ちょうど隣の部屋で準備をしていたサンバ・サウーギの女の子たちがお酌にやってきたから、たまらない。裸に近い衣装の彼女達の乱入に、宴会のテンションが一気にヒートアップしたのはいうまでもない。ダンサーたちのブラジャーとパンティは千円札ではち切れたという。

拍子木が鳴って、一幕目が茂兵衛とお蔦の掛け合い、二幕目にウエストサイドが入って、三幕目は茂兵衛がお蔦に恩返しをした末に、「十年前に櫛かんざし、巾着ぐるみ……」のあの名ゼリフを言って、土俵入りをするシーンで、めでたく幕切れ。上演時間は怒涛のような50分。

大島幹雄は語る

この芝居を見た作家・大島幹雄は、こう書いている。

　私が福田から電話をもらったのは。1994年2月の末で、「一千代」の前で大道芝居をやる、前のバー「つばき」が洋風なので、「一千代」で『一本刀土俵入り』、「つばき」で『シラノ・ド・ベルジュラック』をやるという話だった。

　それで、福田は『シラノ・ド・ベルジュラック』の役をやらないかと切り出してきた。自称嘘つき萬里こと福田は、天性のだましテクニックで私を、わけのわからない大道芝居に引き込もうとしたのだ。とりあえずもったいぶったわけではないが、多忙を理由にお断りした。

　さてこんな楽しそうなことがはじまっているのに、断りを入れたがために仲間入りできなかった私はというと、地団駄踏んでばかりもいられない。仲間入りする口実として選んだ作戦は、勝手に宣伝担当をすることだった。知り合いの朝日新聞文芸部演劇担当の記者にアポを申し込んだ。記者は「で、今日はどんなサーカス？」と聞いてきたので、恐る恐る大道芝居の話を切り出した。何故自分の会社が関係しているわけでもないのに、こんなネタをもってくるのか不思議そうな顔をして聞いていたが、とにもかくにも記事にしてくれた。しかも全国版として。国立劇場で開かれる「大演芸まつり」の紹介で世界の大道芸一堂に、と大道芸との抱き合わせ記事にしてくれたのだ。苦し紛れの記事であることがよくわかる。ただその中で大道芝居については「町の建物などをそのまま生かした芝居で、地元の人々のほか、俳優の高橋長英、振付師のラッキィ池田、作家の荻野アンナの各氏ら多彩な顔ぶれが出演する」としっかり紹介されてあった。これは仕掛け人福田豊も大喜び。こうして私は村八分にならずに済んだ。

１９９４年４月15日、第一回野毛大道芝居『花のウエストサイド　一本刀土俵入り物語』初演の日。私は、「一千代」の窓際に席をとった。二階が楽屋にもなっているので、知り合いの顔ぶれが次々に現れては、オレもビールが飲みたいと声をかけてきた。そのうちに何故か演劇評論家の田之倉稔がふらりと店に現れた。聞くと朝日新聞の記事を見て、気になりやってきたという。さらに福田豊がひとりのおじさんを連れて店にやってきた。故種村季弘であった。「一千代」の窓際の席は三席しかない。そこに田之倉稔、種村季弘と一緒に自分も陣取ることになったのだから、びっくりである。桟敷席にこれだけ豪華なメンバーが陣取っていたなど、出演者は知らなかったろう。狭い路地と路地をはさんだふたつの由緒ある建物の二階で演じられた芝居がはじまった時、鳥肌が立ってきた。気持ちが悪くなったのではない。その逆、とてつもないことが始まったその場にいることへの昂奮であった。普段は薄暗い路地に照明がたかれ、その中に摩訶不思議な人たちが次から次へと出てくる。非日常世界、素晴らしき舞台空間に変身していた。メイエルホリドも寺山修司もぶっ飛ばしてしまった。しかも演じているのは高橋長英をのぞけばみんな素人、やっている内容も前衛ではなく、バリバリの大衆演劇である。いままでこんな革命的な芝居があっただろうか？　隣で見ている田之倉稔は時折写真を撮りながら、メモまでとっていた。朝日新聞の劇評にはならなかったが……

この日は自分にとってまちがいなく歴史的な一夜となった。大道芝居はこのあとも場所を変えて続けられるが、この空間で演じられたのはこの日と翌日の二日間だけだったのだ。この狭い通りを完全にシャットアウトして通行止めにするのには限界があった。なにより予想もしない大勢の観客が集まってしまい、警察の方からストップがかかったのだ。

役者としてこの歴史的舞台に出演できなかったことは、いまでも後悔しているが、一等席でこの初演を見られた幸運には、感謝している。

＝＝＝＝＝＝＝＝＝＝＝＝＝＝＝＝＝＝＝＝＝＝＝＝＝＝＝＝＝＝

まさに、大道で行った大道芝居は大成功。公演中、酔っ払いが乱入するなどのトラブルはあったものの、大事には至らず。

その勢いをかって、翌年の大道芸フェスティバルでも、また大道芝居をやろう、となるのは自然の話だ。

準備も進んだ。野毛山公園にあった市立図書館の仮庁舎を市と交渉して借り受ける。それを「実験の場」という意味で「フラスコ」と名付けて、大道芸と大道芝居が優先的に使用できるようにした。つまり、「フラスコ」によって、稽古場探しも、芝居道具の置き場所にも困らなくなったのだ。

プロの小劇団でもなかなか見つけられないほどの素晴らしい環境だ。

しかし、「フラスコ」が誕生した1995年、大道芝居は行われなかった。大道芸実行委員会のスタッフとして、大道芝居にも関わった大久保文香によると、

「稽古に人があまり集まらなかったんです。それで長英さん、怒って、『もう今年はやんねぇ』ってなっちゃった。確か、ヤケ酒飲んで野毛の路上でごろ寝して、車のカギ、落としちゃったのもあの時じゃないかしら」

座長からして、「常識人」ではないのだ。

第二章　野毛大道芝居・その華麗な歴史を振り返る

YOKOHAMA
NOGE
DAIDOUSHIBAI

第二回（1996年）

『花の野毛山 次郎長水滸伝』

稽古参加者4人も

一年の空白をはさんだ1996年。ようやく出演者も揃い、決まった演目は「次郎長」。

座長曰く、「やはり三度笠と股旅はいい。なにより、オレは小学生の時、広沢虎造のファンだった」というのだ。

子分衆もたくさんいるし、その一人一人のキャラクターも際立っている。要するに、いろいろな人に役を振りやすいのも決め手になったようだ。一説によると、「オレはぜひ、森の石松をやりたい」との平岡正明の申し出があったためとも。

しかし、さすがに一回目のように「一千代」前でやるのはＮＧ。酔っ払いとのトラブルなどもあったりして、伊勢佐木警察から「いい加減にしてください」と文句をいわれたのだ。

それで同じ野毛でも、旧ジャズ喫茶「ちぐさ」のはす前の駐車場を使うことになった。小さいながら舞台も作り、より芝居らしくなった。

「フラスコ」も使える。人員も揃った。さて今度こそ座長・高橋長英も満足できる、充実した稽古が出来る、とみられていたのだが……。

平岡が専門学校の講師をしていた時の教え子で、この回から参加していた内山浩志によると、

「まず最初の顔合わせで何十人か来ていたのが、一週間後の稽古では参加者４人でした。もう、稽古は代役だらけ」

出演者が欠席すると、その人の役名を書いた札をぶらさげて、別の人が代役する。あまりに役者が少ないとスタッフまで駆り出される。ひどいときは、代役札をぶらさげた人ばかりだったという。これで果たして稽古をする意味があるのだろうか？

シロート出演者たちの多くは、「芝居をやるためには稽古をしないといけない」という感覚自体が欠如していたのだ。

よく座長は「もう、やってらんない！」と「ちゃぶ台返し」をしなかったと思う。それだけ、野毛の屋外でやる大道芝居に魅力を感じていたからかもしれない。あるいは、前年の失敗に懲りて、「今年こそ！」の気持ちがあったのかも。

意気込みが強かっただけに、稽古場での長英の演出は厳しかった。

「そんなんで、人さまに見てもらえるか！」

とシロート相手に穏便だが鋭く言っていたという。

危なっかしい船出ながら、それでもどうにか後半には稽古参加者も増え、本番にまでたどりつく。

異色すぎる配役

配役は、森の石松には、本人の希望通り平岡正明。清水次郎長には座長・高橋長英。長英が、こういう主役クラスの男役を演じるのが、実はこれが最初で最後だ。前回のお蔦で味をしめたのか、これ以降はサザエさん一家のフネさん役をはじめ、なぜかオバサンの役が多くなる。

この回に限っては、無縁な二つのストーリーをくっつけるのではなく、話としては次郎長一家だけで通す。そこに、しばしばまったく関係のないキャラクターが飛び出してくる。

となると、まずは次郎長の子分たちの配役に注目だ。

桶屋鬼吉にはジャグラー・マサヒロ水野、追分三五郎には「野毛にラテンの風を吹かせた男」石山和男、と、このあたりはまぁマトモ。

そこに、絵看板などを作る地元の鉄工所経営者にして、ワインバーまでやっていた上に有名なジャズ通でもあった柴田浩一が、間抜け男・灰神楽の三太郎として加わった。古い馴染みの平岡が「やらないか」と声をかけたという。

しかし、こんな「ブルジョア」がなぜ三太郎役を、と周囲は驚いたのだが、芝居本番に起きた事件によって、実は彼が三太郎にピッタリのキャラクターだったのを知ることになる。

奇想天外だったのが、大政役と小政役。なんと大政には、ゲイ界でその人ありと知られるシャンソン歌手・元次郎、小政役には当時、まだ小学生だったトンカツ屋「パリ一」の息子・田井浩平を起用したのだ。いくら小政が小さいからといって、あまりに小さすぎだろ、という常識は大道芝居では通用しない。

常識外れといえば、「いきなり登場キャラクター」であるマリリン・モンロー役の荻野アンナもぶっ飛んでいた。すでにモンロー関係の本を書いていた「日本有数のモンロー通」だった彼女は、衣装も凝りまくった。

『七年目の浮気』でスカートがめくれ上がるシーンで、わざわざドリフの雷様のような金髪アフロのカツラをつけて、提灯ブルマの白黒ホルスタイン柄モーモーパンツを着用。自らスカートをめくってパンツを見せまくった。

なぜモーモーパンツかといえば、この年、「狂牛病騒ぎ」が起きていて、まさにその話題性にのっかったのだとか。

山崎洋子も、この回が初出演だった。森の石松が斬られた「いまわの際」に登場してシャンソンを唄い、石松と踊る謎の女、という奇天烈な役柄であった。

それに前回の駒形茂兵衛から一転、女賭博師として背中に刺青を張り付けて登場した朴慶南を合わせ、「大道芝居三人娘」が揃ったのもこの回からだった。

そして、もう一組の「三人娘」も結成される。横浜・小机で地元のまつりの世話役をしていて、大久保に「大道芝居もやろうよ」とスカウトされた宮本和子が中心になって、三人組の芸者が生まれた。

「芸者役は本当は私がやりたかったのに」

とヤリを持たされた大政役の元次郎が、ひどく羨ましがったとか。

森直実が描く舞台の書き割りが飾られるようになったのもこの回から。富士と三保の松原があしらわれた、いかにも次郎長モノらしいデザインだった。なお、この二回目から協力してくれた県青少年ホールの技術者・故斉田勝彦さんも忘れがたい。

二大事件、勃発！

1996年の4月。本番当日はいささか肌寒く、小雨が降ったりやんだりのあいにくの天気ではあった。

だが、観客は思いのほか集まり、客席はギッチリ。本番前には、あの永六輔が声の出演で、正しい投げ銭の投げ方をレクチャーするなど、場の雰囲気は否応なくヒートアップする。

やはり次郎長ときたら虎造節だ。柝頭・大内順の拍子木を合図に弁士が語り、新進浪曲師・五月小一朗が、長嶋美穂子（現・玉川奈々福）の三味線で唸り始めれば、たちまちそこは清水港。

福田が鳥肌立てつつ、赤フン姿で出前の餃子を持って登場しては「そんな汚ねえケツ、みせんな！」のヤジで大爆笑。荻野アンナがモンロー姿でスカートをまくり、自慢のモーモーパンツを見せれば、客席から「もっと見せろ！」のヤジ、客席からいきなり登場した山崎洋子がシャンソン唄い出してみんなビックリ、など、さまざまに見どころはあった。

とはいえ、この回には、誰もが忘れらない重大事件が二つも同時に起きている。

その一つが、「三太郎本番遅刻事件」だろう。

灰神楽三太郎役で初参加の柴田浩一。舞台の前の「ちぐさ」の姉さんが、「寒いでしょ、一本つけてあげるわよ」と言ってくれたのに、つい乗ったのが運の尽き。なんと、自分の出番をすっかり忘れてしまったのだ。

舞台の追分三五郎が助けを求め、「三太郎はどこだ！」と絶叫するわ、弁士は、

「三太郎さん、三太郎さん、ただちに舞台に来てください！」

と呼びかけて客席を笑いの渦に巻き込むわ、大混乱。

それ以降、柴田は「飲みに行って出番を忘れた男」として、かえって大道芝居メンバーに一目置かれることになる。ここいらへんが、世の中の常識とは違うのだ。

さらにもう一つが「石松転倒事件」。

石松役の平岡正明、すっかり石松の魂が乗り移ったように凄まじい殺陣を繰り広げる。

ちょうど雨で舞台が滑りやすくなっていたのもあるのだろう。着物の裾が足に引っかかって、頭から舞台下に転落したのだ。裏方として控えていた加藤桂は、平岡が目の前に落ちてきて、ゴッツンと音がしたのを聞いている。

周囲は焦った。失神。脳震盪を起こしているらしい。福田も「舞台は中断して救急車呼ぶか」と慌て、介抱すること約10分。その間は、どうにか弁士と浪曲でつなぎ、ようやく平岡は立ち上がり、舞台上で待つ山崎洋子とワルツを踊り出す。

意識はまったく飛んだ状態だったが、山崎の「そこは右足出して」「そこは回って」と言う耳元でのつぶやきに従って体を動かし、まるで何事もなかったかのように芝居は進行していった。

本業の役者ではないから「恐るべきプロ意識」とはいえない。やりたいことは何があっても貫いてやり通す「驚異のスキモノ根性」が生んだ集中力なのだ。

幸い、後遺症はなく、その後も大道芝居の「看板役者」の一人として活躍を続ける。パーキングの隣りのマンションに住む住民から「夜勤明けで寝たいのにうるさい」とクレームが来たのは福田が必死で頭を下げておさめた。というか、どうも福田はそういうもめ事が大好きで。トラブルが起きると嬉しくてしょうがない顔をしていたらしい。

この二回目のメンバーが、それからの大道芝居をひっぱる「核」になっていった。

次郎長一家の勢ぞろい。

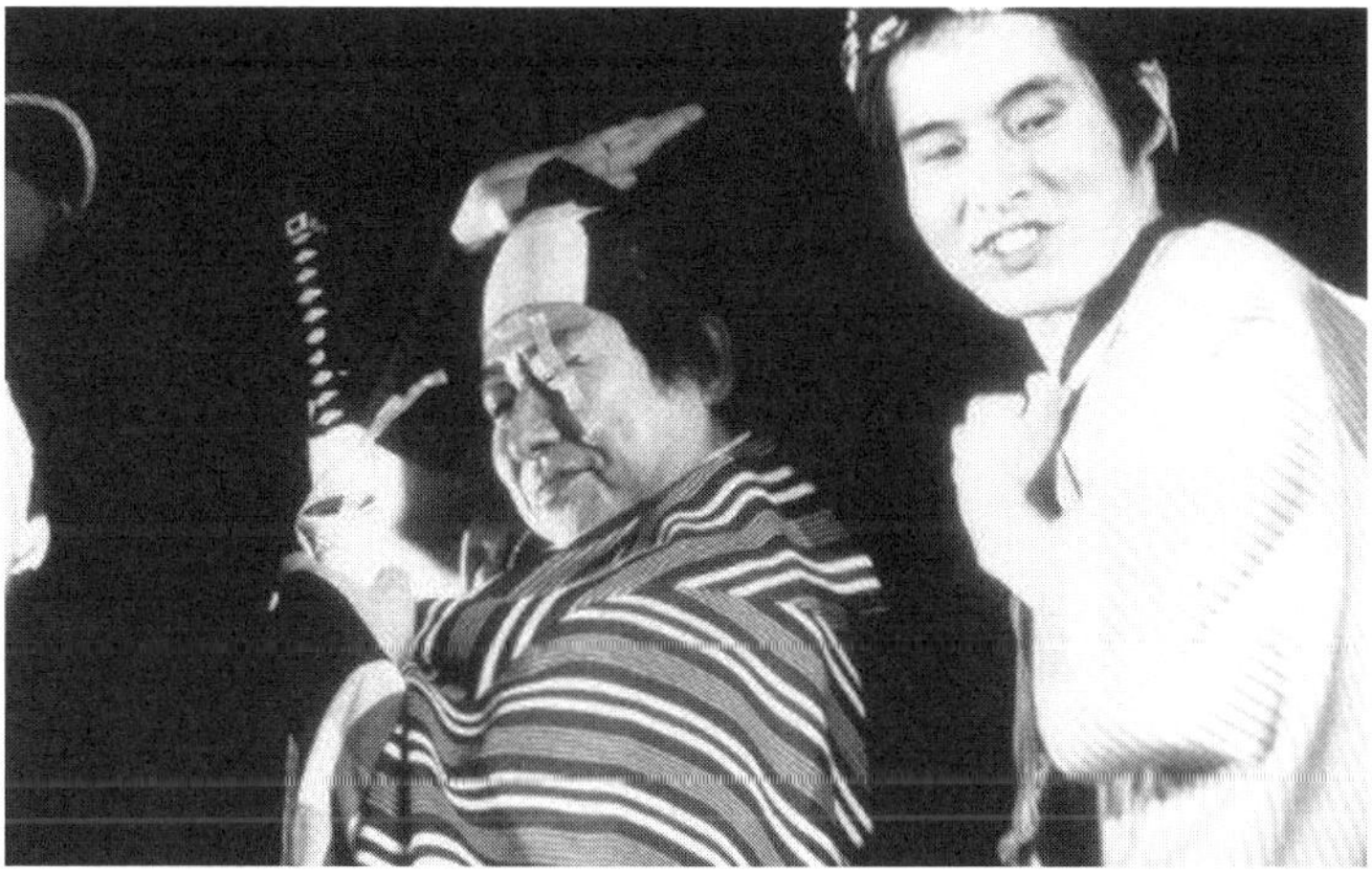
平岡正明は念願だった森の石松に扮する。

（出演者は語る）

柴田浩一

（元鉄工所、ワインバーなどの経営者。現在はジャズ評論家としてＮＨＫラジオなどで活躍。第二回目から出演者として参加し、七回目から台本も担当）

平岡さんから「出てよ」っていわれた時、最初、オレは断ったの。小学5年生の学芸会で、主役やらされて、「棒立ち、棒読み、茫然」で恥かいてから、舞台立つなんて絶対やってたまるか、と思ってた。

でも平岡さんに「大丈夫。オレだってやってる」って頼まれちゃとても断るわけにいかない。

ちょうど会場が「ちぐさ」（野毛のジャズ喫茶）の前でさ、小雨降ってて寒いわけ。

「ちぐさ」の絵看板もウチが作ったものだし、本番始まる前にちょっと顔出しとくか、って入ったら、「ちぐさ」のオヤジ（主人）の妹がいて、

「寒いでしょ、あったかいの、つけるわよ」

なんていわれて。緊張感というより、芝居をするということが良くわかっていなかった。

それ飲んだら、ちょうど友達もいて、差し入れの日本酒を飲んじゃった。うっかり忘れて、出番遅れて笑われて、一度ならよかったのに、もう一回また遅れちゃった。怒られたね、長英さんに。

「あんた、出番忘れるなんて、何考えてんだ」

「柳の下にドジョウはいないよ」

って。すすめられるから飲んじゃうんだけどね。

そういえば「怒られ仲間」で、せっかく元次郎さんの指導でシャンソンうたったのに、「声が小さい」ってよく怒られてたのが山崎洋子さん。

芝居終わった後、「二人とも、もう2度と出演依頼来ないよね」って言い合ってたら、翌年、ちゃんと「出てください」ってハガキが来た。

山崎さんにも来たらしい。

一度やって、芝居の楽しさも知った後だから、喜んで「フラスコ」行ったら、事務局の大久保文香さんに、

「昨年出た方には、ハガキは全員出してます」

でも、そこでオレは心を入れ替えた。もう本番前に酒なんかは飲まないって。

それから、もうずっと出るようになって、七回目からは台本まで書かされるようになっちゃった。

はじめは山崎さんが「私、書く」っていってたの。そしたら途中で別の芝居の台本を書く仕事が入っちゃって、

「一生のお願い。私、書けないんで柴田さん書いて」

って頼まれちゃって。それで試しに書いてみたら、長英さんと福田さんが、

「少し直せば、使えないこともない。これでいこうよ」

それから最後の回まで、ずっと書かされた。まあ、たぶん他に書く人がいなかったんだな。

（出演者は語る）

朴慶南

（作家・エッセイスト。大道芝居は第一回の駒形茂兵衛役から最終回のユジン役までずっと出演を続け、第三回ではなんと「弁士」までやる）

二回目の次郎長の前の年、12月に韓国での講演に行って倒れ、何とか日本に戻って来たものの、成田空港から救急車で運ばれたんです。劇症肝炎で、助かる確率3％くらいの危篤状態。集中治療室で死にかけてました。

それでも奇跡的に1月終わりにどうにか退院できたのですが、病み上がりで、4月の大道芝居はとても無理だと思ってました。

ところが、壺ふりの女賭博師の役で出るはずだった田中優子さん（現・法政大学総長）が、東南アジアでお腹壊して、出られなくなっちゃった。「代わりに出てよ」と頼まれると、第一回目に出た思い入れもあって断れなくなっちゃったんですね。

背中に刺青を張って、「よござんすか、入ります」なんてやりましたよ。稽古では、容赦なく長英さんに怒られながら。

本番では、役者魂がうずいたんでしょう。片肌だけではなく勢いでもろ肌脱いだら、客のおにいさんたちが、胸の谷間におカネたくさん入れてくれました。

ただ、家に戻ってお風呂に入ったとき、刺青のシールを付けたままだったんですね。それを目にした、小学生だった息子に叱られました。

「人間としてやっちゃいけないことがあるよ」

って。私が本当に刺青入れたと勘違いしたのかもしれません。

続く三回目は、いきなり本番直前に「弁士になってほしい」と頼まれて、ぶっつけ本番で体当たりでした。わざわざ鳥取の田舎から母親が出てきて、芝居見に来たら、自分の娘がお客さんに向かって、「オヒネリくださーい！」なんて声を張り上げてる。「物書きしてると思ったら、なにやってんだろう、ウチの娘は」

母は目が点になってたみたいですよ。

（出演者は語る）

宮本和子

（自動車整備会社経営者の奥さん。地元・小机での「城址まつり」に大道芸を呼ぼうとしたをキッカケに大道芝居のスタッフと知り合い、二回目から参加。最終回までほぼ稽古出席率１００％近く。面倒見もいいことから「大道芝居のお母さん」と呼ばれている）

大道芸事務局の大久保さんに、「私たちのおまつりに大道芸人さん出したいんだけど」と頼みに行ったら、「大道芝居、出てよ」ってなって、それから毎回出ることになっちゃった。

最初に出た、清水次郎長では、ファンだった長英さんと同じ舞台に立てて、うれしかったですよ。

もともとは、私の役は元次郎さんがやるはずだったのが、元次郎さんは内股で大政やったほうがオカシい、ってへんな理由でこっちに回ってきたんです。

最初は柴田さん、怖かったですよ。タバコすごく吸ってて、元町でワインバー経営してるハイクラスな人らしいって聞いて。でも、「本番遅刻事件」でいっぺんに気楽に話せるようになりました。

しばらくは、大塚葉子さんと、三回目から参加した伊東みきさんと「三人娘」で出ていました。

変わったのは七回目の『無法松』で、サザエさん役をやった時くらいかな。これがなかなか好評で、嬉しくてサザエさんのアタマのまんま、タクシーで家に帰りました。

小一朗さんが銭形平次やった第九回では、私は子分の八五郎もやりました。「親分！」ていったら、小一朗さん、顔の半分だけ白塗りしてて、もう、そういう人を驚かせようとするのとか、多いんですよ。

私にとっても、稽古初めの3月終わりころからの1カ月は、完全に「大道芝居シーズン」。

毎日、午後7～9時くらいは「フラスコ」に通っていて、ウチのご飯の支度をした上で、稽古場でみんなで食べるおにぎりなんかも作っていくんです。

ウチの主人も理解してくれてました。毎回、本番にはビール1ケース、差し入れしてくれてたんです。

柴田さんには、その後、よく「よかったら飲みにおいでよ」と誘われるようにもなりました。

ただよく考えたら、野毛って、私、柴田さんや長英さんと一緒に行ったところしか知らないんですよね。「一千代」でアルバイトしたことはあるけど、飲み歩いたりしないから。

だから、私にとって野毛は、やっぱり「飲み屋街」っていうよりも「大道芝居の街」なんですね。

（スタッフは語る）

森直実

（美術の中学教師として長くつとめるかたわら、カメラマンとしても数多くの写真展を行う。大道芝居では背景の書き割りの絵を担当）

１９８６年から大道芸フェスのアートディレクターをやっていて、その縁で大道芝居の背景画を頼まれたんです。長英さんと平岡さんのリクエストは、

「風呂屋のペンキ画のタッチでいってほしい」

いつも作業は本番ギリギリ。シーツ４枚を縫い合わせて、本番の週の水曜、木曜の夜にほぼ徹夜で描いて、金曜にそれを乾かして、リハーサルの時までに背景の板に貼るんです。「フラスコ」に泊まり込み。もちろん昼の勤務もやってました。

僕は新聞のイラスト連載もやってたくらいでスピードはあるほうなんで、それほどキツいとは思わなかったですが。

錦絵と同じで、お江戸モノなら、まず象徴的な日本橋とかを描いていって、あとはうまく空間でごまかす。あくまで芝居がメインなんで、邪魔にならないように計算してました。

おそらく、「フラスコ」って場所がなかったらできなかったでしょうね。描いて、そのままほっといて、乾いた所でまた仕上げ、なんて、保管する場所がなきゃできない。

どんなデザインにするかは、特に強制はありませんでした。だいたいアバウトなんです。

嬉しかったのは、ぼくらにも均等にオヒネリの分配があったことかな。額の問題ではないんです。一員として認められている証拠だから。

出演を誘われたりもしました。しかし、大道芸フェスも同じ日の開催で、その前はいろいろ仕事もあるから、稽古に出られないじゃないですか。だからお断りしました。

しいていうなら、当日、うまく時間が空けば、舞台の裏方を手伝ったくらい。大の大人たちが、バカバカしいことを思いきり楽しくやっているのが、とてもよかったですよね。あんなに、世の中のためにならないことを真剣にやるんだから。

僕もその一員になれてよかったと思ってます。

（スタッフは語る）加藤桂

（平岡正明氏主宰の〝水滸伝の会〟の仲間とともに大道芝居に参加。主に舞台進行のスタッフとして裏から芝居を支えた）

第一回は、大内順さんに頼まれて芝居の写真を撮っていました。この時に撮影した平岡さんの写真は、とても気に入ってくれて、「ハマ野毛アンソロジー　ヨコハマB級譚」にも掲載され、うれしかったです。

第二回目からは、黒子として舞台の裏側でお手伝いをしていたんです。マリリン・モンローのスカートをフワッとさせるために扇風機を持って風を当てたり、針金につけた蝶々を飛ばしたり。

楽しかったのは本番より稽古でした。出席者が少ないと代役を頼まれるのですが、本役ではないから、気楽に色々な代役をさせてもらいました。稽古が終わったら、みんなでぞろぞろと野毛坂を下りて「一千代」で反省会。飲んでいるうちに、代役のセリフは忘れてしまいました。

シロート芝居といっても、みんな上手かったですよ。顔合わせで自己紹介をしてすぐに本読みが始まって、二度目になると、皆さん、どんどんうまくなっていくんです。このころはまだ出席率もよかったですね。私は3分の2くらいは出ていたとおもいます。代役係が必要でしたから。役者は全部で30人くらいでした。出席者が一番少ない時は6〜7人くらいで、稽古にならないときは小道具作りを手伝ったり、「一千代」で飲み会になっちゃったこともありました。

寺嵜さんは、明るく、いつも元気な方で、稽古場をいい雰囲気にしてくれていました。「一千代」で飲み始めると、すぐに歌を歌いだして大合唱になって盛り上がりましたね。

宮本和子さんはほぼ皆勤でした。いつも黙々と衣装を縫ったり、小道具を作っていました。「一千代」の誠ちゃんの着ぐるみ、うなぎとかお地蔵さん、アザラシのたまちゃんとどれもすごくよくできていました。

印象に残っているのは、第一回目の『一本刀土俵入り物語』の時、終わって客席の青いビニールシートの方に行くと、おばあちゃんが二人で見に来ていて、「よかったね〜」と感動して泣いていたんです。一生懸命観てくれる人がいるんだなと、私もウルッときました。

第三回（1997年）
『野毛振袖風共火事場取組』

「め組の喧嘩」と「風と共に去りぬ」と『八百屋お七』を合体

さすが、大道芝居独特の感性というべきか、この回もまた、どう結び付けるのかよくわからない組み合わせがストーリーの芯になった。

相撲取りと火消しがケンカするので

知られる歌舞伎の『め組の喧嘩』と、恋に狂った少女が火付けの罪を犯す『八百屋お七』、原作と共に映画も不朽の名作といわれる『風と共に去りぬ』。おそらく、単純な「火事」つながりだったのだろう。『め組』は、火消しが火の見やぐらにのぼって半鐘を鳴らす場面が有名だし、『風と共に』も火事のシーンがハイライト。

しかも、登場人物が多くて、みんなを出しやすい。

『め組』側の配役でいくと、町火消の「め組」のほうは、ケンカの中心人物ともいえる辰五郎がマサヒロ水野、その仲間に石山和男といったような、いかにもちゃんと運動もしていて動きがキレそうな若手メンバー。一方の相撲取り組は、四ツ車大八役の平岡正明に柴田浩一ら、それなりに動くかもしれないが、だいぶオッサンにさしかかったメンバーが柱。

しかも相撲取りは、太って見せるためにゴミ箱に首だけ出した「即席肉襦袢」を着ている。

一方で『風と共に』側は、ある意味、これ以上の適役はないかもしれない、レッド・バトラーに荻野アンナ。宝塚の男役もかくやとばかりに、羽根を背負ったスーツで観客の話題をさらった。

さらに追い打ちをかけるように、スカーレット・オハラ役がロングスカートの元次郎だ。この微妙な倒錯感は、既成の役者では、ちょっと出せない。

宮本和子、大塚葉子に伊東みきが加わっての「三人娘」は、再び芸者で登場して、『ブルーライトヨコハマ』で踊る。「歩いても」の歌詞の部分では、歩きながら胸を揉んだりするセクシーサービスも入れて、オヒネリ増加に貢献したという。

だが、やはりエースといえばサンバ・チームだ。一回目、二回目に引き続き、圧倒的存在感でオヒネリをかき集めた。

本番会場は、現在、野毛Hana＊Hanaが建っている場所。当時は駐車場になっていて、第二回目の会場よりも数倍広い。

続々と加わる新人出演者。ついに市長まで！

この第三回目は、また強力な新人出演者が数多く加わった回でもある。

たとえば「馬」役を演じた舟橋義人と寺嵜弘康だ。そのころ、日経新聞の記者だった舟橋は、取材を通して柴田と知り合って芝居に誘われた。一方の寺嵜は、県の職員

荻野アンナのレッド・バトラーは適役だった。

元次郎のスカーレット・オハラもハマっていた。

としては大内順の同僚であり、その縁から参加してきた。

そして、なんと当初の構想では、赤フン、白フン、青フンのフンドシ三人組のメンバーとして出演するはずだったのだ。これは、第二回で、福田が赤フンで登場したら案外ウケたから、ならばもっとパワーアップしてみよう、という実に安易な考えに基づいていた。

が、これは残念ながらボツとなった。白フン役に予定していた在日ベラルーシ大使が母国の事情で急きょ帰国することになり、だったらやめよう、となったのだ。

そのかわりに二人に与えられた役が「馬」。レッド・バトラーとスカーレット・オハラが乗る馬車、といっても実は「萬里」の自転車にリヤカーを連結しただけなのだが、それを舞台に押し上げるのが馬の役目だ。

ただし歌舞伎の馬の足とは違い、しっかり馬の被り物はつけていても、顔は出せるし、セリフもある。

フンドシの方を引き受けたのは、やはり大内に誘われて参加した県職員・原澤敬治だった。

「萬里」の岡持ちをもってギョーザを舞台上に届ける役で、着ていたバスローブを脱

馬の役にもセリフがあった。

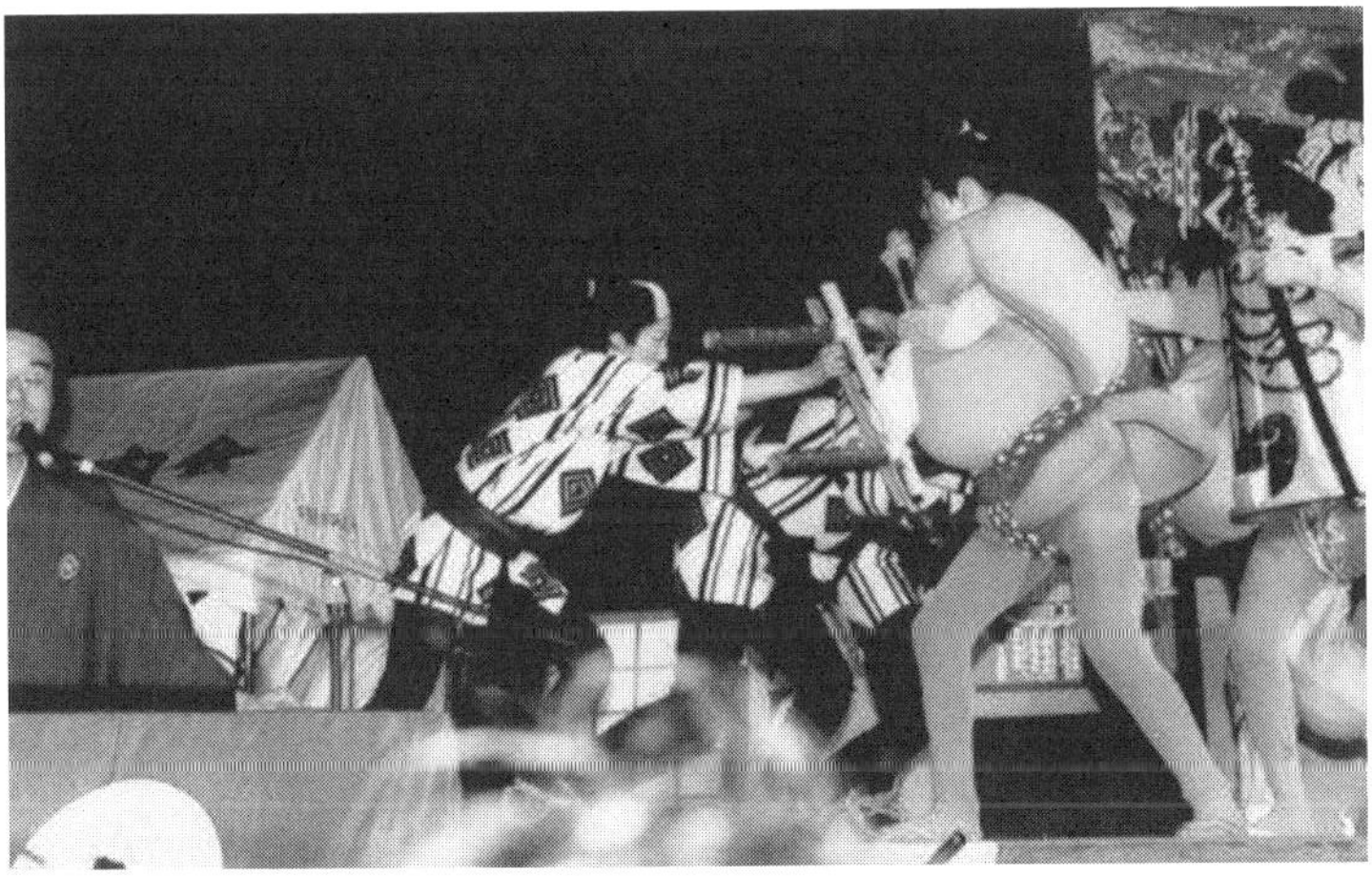
力士役はゴミ箱で作った肉襦袢を着た。

ぐと、実はファンデーションで全身を黒く塗ったフンドシ姿の「ナオミ・キャンベル」だった、という意味不明の設定。ちなみに、このナオミ・キャンベルとは、当時、大人気だった黒人ファッションモデル。こういう旬のキャラクターを、なんの脈絡もなく突っ込んでくるのも大道芝居の醍醐味なのだ。

長英のジョギング仲間で、画家の田中善明も、この回で「め組」の一員としてデビューし、その芸術家らしい独特な風貌が異彩を放っていた。

とはいえ、驚きの大型新人といったら、やはり当時の現役横浜市長だった高秀秀信に尽きる。

キッカケは、大道芸フェスティバルでの本のたたき売りだった。平岡正明や荻野アンナが自分の本のたたき売りをやっていたところに、ちょうど差しかかった高秀一家。

「市長も、本にサインしてくださいよ」

などと強引に引き込まれた末に「どうせなら大道芝居にも参加を」と誘われたのだ。

建設省につとめる前は、本気で芝居の脚本家になりたいと考えたこともある高秀、入り込んだらズブズブにハマって、毎回、「今度、僕はなんの役?」と稽古を待ち焦がれるまでになってしまった。

ちなみにデビュー回の役は「長谷川平蔵」、つまり「鬼平」。セリフはツタないものの、さすがに押し出しは堂々として、火付け盗賊改めの頭らしい貫禄だった。

エンディングに出演者全員が舞台上に並んで『港町十三番地』をうたったのも、この回が最初だった。第二回の舞台はそれができるほど広くなかったのだ。

（出演者は語る）

荻野アンナ

（作家にして慶應義塾大学教授。大道芝居では、常に自由奔放にアドリブをまき散らすので知られる）

野毛の街づくりシンポジウムに、パネラーとして呼ばれたのが、野毛とのお付き合いの始まりでしょうか。

大道芸フェスに参加していた「人間ポンプ」の園部志郎というオジサンもいて、その方にはあとでナンパされましたよ。

それから平岡さんとも仲良しになって、本のたたき売りから大道芝居にも参加する流れになったんです。

やっぱり私の「芸風」が確立したのは第三回のレッド・バトラーかな。

衣装も自前で、おカネかけましたよ。紫のテロテロのスーツ着て、カマーベルトのつもりで、おなかに紫のラメのはらまきでしょ、それで背中にはショッキングピンクの羽根つけました。スーツは元町裏の、ちょっとアヤシゲな店で入手、羽根は衣装さんの手作りです。

イメージは、完全に宝塚。宝塚のビデオ、とにかくいろいろ見て、私なりに無駄な努力はしました。でもセリフはどうしても覚えられない。だから、どんどんアドリブ入れちゃう。

レッド・バトラーの腕の中で八百屋お七が死ぬ設定になっていて、つい出たセリフが、

「お七、大丈夫か、お七！　おー、ミスセブン！　セブンイレブン、いい気分！　生きててよかった！」

お七さん、死ににくかったかもしれない。

おかげで、だんだん、ストーリーとはあまり絡まない、「ご勝手にどうぞ」っていう役が増えちゃった。

それでも八回目は白雪姫だから、白塗りでドレスまで着ましたけど、

「私は白雪姫よ。肌は白いけど、腹は黒いのよ」

なんてアドリブ入れた。

ろくでもない白雪姫でした。

十回目の忠臣蔵で、主役の大石内蔵助やった時も、長谷川一夫の「おのおのがた」ばかり稽古して、結局、セリフはあまり覚えない。

いい場所でしたよ、大道芝居。私のように「ろくでもないアドリブ」に命をかけるような人間でも、ちゃんと居場所があったんだから。

（出演者は語る）

田中善明

（画家。大道芝居は三回目から最終回まで参加し、味のあるシロート役者として注目を集める）

長英さんとはジョギングで知り合って、それから30年くらいの飲み仲間。それで最初の一回目二回目は見に行って、その後、飲んでるとき、「見るより、出たい」って長英さんに言ったんです。

もらった役が「め組」の一人。そりゃ、芝居は初めてで、最初はアタマ真っ白でした。野毛の客は酔っ払いが多かったんで、こっちがセリフ忘れるでしょ。するとすぐに突っ込んでくる。「それからどうした？」なんて。こっちは慌てていて、「ちょっと待って、思い出すから」なんてつい返しちゃう。それでかえって客席が沸いたりするんですよ。

「め組」の連中が集まって、みんなで酒盛りするシーンがあったんですよ。

どうせなら本当の酒飲むか、って一升瓶抱えて飲んでると、「ツマミはいらないか！」って客席から柿ピーが飛んできたりする。そこで「ありがとう」って礼を言って、その客と掛け合ったりしてるうちに、どんどん時間が押しちゃう。

芝居なんだか宴会なんだかわからない。

困ったっていったら、最終回の赤城山。本番中に、突然、（五月）小一朗さんに言われたの。

「すいません、善さんの出番前に、ちょっとパフォーマンスやりますんで」

何かと思ったら、小一朗さんが、いきなりＳＭショーはじめちゃった。もちろん台本には一切なし。あのあとは出にくかった。

大道芝居も、最初はシロートっぽかったのが、回を重ねるごとに、だんだん出演者がうまくなっていったんですよ。その分、お客さんのヤジも少なくなった。

僕は最初のころのほうがよかったかな。所詮、プロを目指しているわけじゃないから、失敗して、お客さんとあーだこーだとやりとりしたりするのが楽しかったんです。

（出演者は語る）

舟橋義人

（元日経新聞記者にして、のちにグーグル日本法人の執行役員広報部長もつとめる。大道芝居は第二回の「馬」役でデビュー）

柴田さんが鉄工所を経営されていて、そこでジャズのライブなどをやられてもいたんです。それで、記者として取材にうかがううちに、柴田さんと親しくなって、「馬」役での出演となったわけです。みんなに厳しい長英座長でしたが、僕と寺嵜さんの馬二人についてはあまりダメ出しはなかったですね。

一番思い出深い回といったら、七回目の無法松かな。

私が演じた「ジョージ嫌味」と石山和男さんの無法松の太鼓合戦のシーンがあるわ

けですよ。わざわざ和太鼓の先生まで呼んで、本格的に教えてもらいました。稽古場に和太鼓置いて、1ヵ月の稽古期間中、ほぼ毎日、1時間くらいずつ練習しました。

実は私もアマチュアのジャズバンドでドラムやってるんですが、それよりずっと厳しい。もう「シロート遊び」のレベルじゃなかったですね。

最後にバチを飛ばして無法松に負けるという約束事はあっても、あとはどう叩くかは完全にアドリブ。出来るだけ石山さんよりもカッコよく、と対抗心燃やしてました。

後期は、悪玉の中心人物をやったり、地味だけど重い役柄がふえていきました。

これって消去法だと思うんです。真面目にちゃんとやれる人間はいないか、と捜していったら、残っちゃったみたいな。僕は稽古もそんな休みませんし、セリフも割と覚えてアドリブもあまりやりません。

共演する他の皆さんのセリフも頭に入ってます。だから、誰かがセリフ飛んだり、脱線したりすると、「あなたは、こう言いたいんじゃなかったの?」とフォローして、流れを台本の方に戻せる。便利だったんでしょう。

また逆にみれば、それだけ稽古にも来て、勝手なアドリブもせず、セリフをちゃんと覚えてる人間が少なかったってことでしょうね。

（出演者は語る）

寺嵜弘康

（元県立歴史博物館職員。第三回の「馬」役で大道芝居デビュー。忠臣蔵の綱吉役をはじめ、最終回まで、要所要所に登場する大事な役柄を演じ続ける）

大内さんとは職場も一緒、野毛の飲み仲間でもあって、そこから福田さんを紹介されて、この道に踏み込んじゃいました。

芝居未体験で、すごく緊張もしてましたが、かぶりものをすると人間て不思議に羞恥心が無くなるんですね。学芸員やってて、大きな声で話すのはけっこう慣れてましたし。

一回やったら、若い女の子に「握手して」「写真撮って」なんて言われて、もうハイテンション。ぜひ次もやりたい、って言っているうちに最終回まで続いてしまいました。

一番印象に残っているのは六回目の『二十四の瞳』かな。『坊ちゃん』とのミックスで、僕は赤シャツなんです。主役の山崎洋子さん扮する大石先生を、なんとか自分のものにするために策略を練るシーンがあって、そこはまわりはストップモーションで、5分くらい僕の一人芝居になってました。落とし穴を作って、そこに大石さんを落としてから、「どうしました？　お嬢さん」て助け舟を出そう、とか妄想が広がっていくわけです。

家でも稽古しました。衣装も、白い上下に赤シャツ、白いエナメルの靴は全部自前。ズボンが脱げると真っ赤なパンツが見えるんですが、これだけは原澤さんのイタリア土産。

公務員で定時にあがれるし、しかも職場から稽古場まですぐだったんで、出席率は高かったです。

そのため他人の「代役」になるのも多かった。だから、回が重なるにつれて、セリフの多い、重要な役が回ってくるようになりましたね。

長英さんから学んだことはたくさんあるけど、忘れられないのはオヒネリのことでしょう。お客さんから来た投げ銭は、「フラスコ」で一人一人の分に分けて、打ち上げやってる「一千代」に持っていきます。

ただ、小銭ばかりなので、なかなか素早くは分けられない。全員そろっての打ち上げの時間がなくなっていくんです。

そこで、少しでも振り分けるスピードが早くなるように、と両替用に千円札200枚用意しちゃった。

長英さんに怒られましてね。

「見に来てくれた方からいただいた投げ銭は、おカネだけどおカネじゃない。『気持ち』なんだ。それを分け合うからこそ、意味がある」

その通りだ、と反省しまして、長英さんに怒られた翌年からは投げ銭への気持ちが変わりました。

（スタッフは語る）

美濃瓢吾

（画家。かつて浅草木馬館に住み込み、そこで働きながら絵を描いていた。福助、招き猫、妖怪などの絵を数多く描く。大道芝居のポスターを三回目から描くようになる）

大内順さんと友達で、僕が住んでいた浅草の木馬館にもちょくちょく来てくれてたんです。丸坊主の、へんな声出す男でしたが、しゃべり出すと話が面白くてね。だから二回目の清水次郎長くらいから見てることは見てます。で、ポスター描いてくれって頼まれたから、「いいよ」となったんです。

出来れば舞台稽古が始まる前には仕上げたいじゃないですか。ところが、いつもだいたい台本が上がるのが稽古が始まるギリギリなんです。だから、急いで台本を読んで三日三晩、せいぜい長くて一週間くらいの期間で描きました。

僕は「群像画」が好きで、いっぱい絵の中に人を入れたいんですね。それがちょうど大道芝居にはピッタリ合っていた。一枚のポスターに、出来るだけたくさんの人が入るようにしました。ストーリーとはずれちゃいけないし、割と大変でしたよ。

字もできるだけたくさん入れたい。演者もスタッフも、ポスターに自分の名前があったらうれしいじゃないですか。

『七人の侍』がテーマならそのビデオ、『二十四の瞳』がテーマならそのビデオ、と大内さんに借りてビデオを見た上で描きました。

大内さんは「美濃さん流でいいよ」と言ってくれて、描くと浅草の雰囲気と野毛のそれがミックスされたみたいな雰囲気になってます。

まあ、芝居の専門家からしたら、「こりゃポスターの絵としてはおかしい」って言われそうなくらいヘンな画面かもしれませんが、僕なりに精一杯やらせていただきました。

楽しいより苦しい方が勝ってました。とにかく、締め切りギリギリで台本が来て、そこから作業が始まるんだから。当時は40代で、よく体力あったな、ってときどき思い出します。

第四回（1998年）『野毛の闇市・シネマ・パラパラ・パラダイス』

エンターテインメント性たっぷりのバラエティショー

この回の台本を書いたのは、地元のイベント会社社長であり、それまでの大道芝居でも、スタッフや、本番前の呼び込みなどで協力していた小嶋寛だ。

よりエンターテインメント性を前面に

出す、という趣旨のもとで出来上がった芝居は、それまで以上にごった煮感満載。メインストーリーを追うというより、次から次へと登場してくるキャラクターを楽しむバラエティショーの匂いが強い内容になった。

とりあえず、話の流れを要約していく。

舞台は終戦直後の闇市・野毛。その一帯を乗っ取ろうとする、橋龍率いる「ポマード団」と、野毛を守ろうとするアルパチーノという男の闘いが始まる。（注・当時の首相だった橋本龍太郎・通称［橋龍］はポマードテカテカ頭で有名だった）そこに、横浜が生んだ天才少女歌手・美空ひばりが絡んだりするわけだが、前半の闘いは、まあ一応、筋は立っている。

それが後半まで来ると、一気にシッチャカメッチャカ。座頭市、鞍馬天狗に始まって、マリリン・モンロー、通りがかりの酔っ払い、竹脇昌作、淡谷のり子、岡晴夫、寅さん、バットマン、水戸黄門さま御一行、はては本当のモンゴル相撲の力士まで、もう、入れ代わり立ち代わり舞台に上がっては去っていく。

もちろんサンバ・サウーヂの踊りも乱入だ。

音楽も、冒頭の『りんごの歌』『悲しき口笛』から『別れのブルース』『憧れのハワイ航路』、エンディングの『港町十三番地』に至るまで、昭和のナツメロが洪水のように流されて行く。

副題も、「ひばりちゃん、夜空に羽ばたく恋と喧嘩とアルパチーノ」。だいぶ錯乱している。

ついでに、台本の表紙に掲げられた宣伝文は、

「戦後間もない野毛の町　喧嘩に殺人、パンパン娘
魑魅魍魎の人間模様　こんな私に誰がした
映画の世界じゃあるまいし　アッと驚く　タメゴロウ！」

やはり錯乱している。

会場は前回と同じ駐車場だ。雨対策に、イントレ組んで音響機器の上に屋根を付けるなど上からの防備は万全だったが、下からの防備を忘れて、機材をドロボーにがっちり取られてしまう一幕もあった。

悪のポマード団。

充実し過ぎの配役陣

配役陣も見て行こう。

ポマード団の団長「橋龍」が柴田浩一。「本番遅刻事件」以来、すっかり芝居に対する姿勢が真摯になって、座長・長英の評価もずんと上がっていた。

「馬」の二人は前回に引き続きの登場で、座頭市には、いうまでもなく平岡正明。なぜか鞍馬天狗に長英座長で、街をうろつくパンパン娘に山崎洋子。そのヒモが石山和男。

山崎は、ご主人が亡くなった直後で、介護のためにやせ細っていて、知り合いから

「山崎さん、ホントのパンパンに見えて、切ない」

と言われ、悲しくなったとか。

「芸者三人娘」は、今度は「ヤクルトおばさん三人衆」として登場。『伊勢佐木町ブルース』のため息のところを色っぽくうたった。

荻野アンナはバットマン役で、後ろの「キムラ」三階から、影絵のあとに華々しく

渋澤彩香が少女時代の美空ひばりを演じた。

大人になっての美空ひばり役は元次郎。

出現し、なぜか福田豊は傷痍軍人役。

前回に引き続きの市長・高秀秀信は水戸黄門は適役ながら、まだ少年の浩平が「寅さん」というのは、ちょっと強引。

さて新人だが、音響・渋澤栄三の妻・聡（ふさ）をアルパチーノ役に大抜擢のほか、小学三年の娘・彩香が子供時代の美空ひばり（大人のひばりは元次郎）を演じ、家族総出の大道芝居となった。

それに懐かしの名物アナ・竹脇昌作には、ラジオ日本のパーソナリティ・浅木勝、弁士にはTVKのキャスター・中村行宏と新たにマスコミ陣も加わった。

モンゴル相撲のグスターバ・ゴンチングも、ポマード団を蹴散らして野毛に平和をもたらす「いい人」として顔を出す。

突如として舞台にあらわれ、「オレは元東京都知事候補だ」などと叫びつつ勝手に帰ってしまう、出演者なんだが単なる「酔っ払い」かわからないと評判になった秋山祐徳太子も、この回からの出演だ。

さらに忘れてならないのが往年の「ブルースの女王」淡谷のり子にそっくりの佐々木節子だろう。誰もが思わず、「え！　本人？」と声を上げてしまいそうなソックリぶり。

そのくせ、本人は「あの人より私のが品がある」と言い切ってしまう豪胆さがいっそ清々しい。

芝居内容以上に、出演メンバーがどんどんカオスと化しているのが、これでもよくわかる。

（出演者は語る）

渋澤聡（ふさ）

（大道芝居の音響担当・渋澤栄三の奥さん。その縁もあって、第四回から本人はもちろん、娘の彩香も参加）

娘の彩香と私が初めて一緒に出た『パラパラ・パラダイス』は忘れられません。特に小学校三年の娘の初舞台として。

彩香がまだ背が低いんで、お立ち台を作ってもらって、そこに乗って美空ひばりの『悲しき口笛』をシルクハットに燕尾服で唄うことになったんです。

緊張したんでしょう、公演二日間の初日、唄ったあと、お立ち台からおりて客席を走り去っていこうとしたら、コケちゃった。心配しましたよ。でも、ちゃんとそのあともやりとげてくれました。

野毛のお客さんは怖いですからね。お酒飲んだり、ケンカしてたりもする。それにたとえ出演者が子供でも容赦ないです。唄い出して、声が小さかったら、「聞こえねーぞ！」「何やってんだ！」と、もうヤジだらけ。

平等なんです。年なんて関係ない。私も舞台裏で聞いてショックだったくらいで、本人はもっとショックだったでしょうね。

めげずに2日間、唄いきったのは立派だったと思います。やり遂げた感じでした。

後半にはオヒネリの嵐で、「アイドル」みたいでした。

私も同じ舞台に立っていたのに、娘のことが心配で、覚えているのはそっちばかり。おかげさまで、彩香も、一度お休みしただけで、高校3年の最後の回まで、ずっと出させていただきました。長英さんに稽古で怒られて、「二度と出ない」って泣いたりしてましたが、すぐに「やっぱり出る」になるんです。

だから娘は大道芝居に育てられたといってもいいかもしれない。

実は、妹の奈緒美も、泣き声で参加、赤ちゃんの時に出ていたんです。六回目の『二十四の瞳』の時でしたか。家族四人が全員参加しているわけです。

（出演者は語る）

中村行宏

（ＴＶＫの昼の情報番組『たてながＨＡＭＡ大国』のキャスターで、大道芝居は弁士として第四回に参加。その後も、決して出番は多くはないものの、重要な役割の出演者として活動。現・ＴＶＫ社長）

福田さんとウチの番組のスタッフが仲良しで、そこから「弁士をやってほしい」と頼まれて、「やってみましょう」となったんです。まあ、個性の強烈な方々ばっかりで、その中に、なぜか、報道の部署にいた時に知り合いだった高秀市長までいる。不思議な集団でしたね。ＴＶのスタジオとはまったく違って、お客さんが目の前にいて、しかもオヒネリをもらう、というのが新鮮でしたね。弁士は、登場する出演者を一人一人紹介するんですが、何言われてもかまわない人もいれば、「それは言わないで」と気にする人もいる。

どんな小さい役の人でも、知り合いが見に来ているし、ちゃんと紹介しなくてはいけないんで、一番気を使いました。福田さんには、「セリフ覚えてない人に、弁士は助け船だしてくれればいいんだ」とも言われたのを覚えています。

弁士だけでなく、役柄をもらって演じるようにもなって、第七回の無法松では、彼の死をみとる駐在さんの役をやったんです。台本通りじゃツマンない、なんかキャラクターつけよう、って、舞台は小倉なのになぜか東北弁の駐在にしたんです。私は東京生まれなんで本当の東北弁なんて話せない。本当の東北の方が聞いたら怒られそうだけど、純朴な感じが出ていいんじゃないか、と。それで「質実剛健」を「スッズツゴーケン」なんてやったら、とてもウケて、嬉しくなっちゃいました。

調子に乗って八回目の白雪姫の時には、悪い王妃様に「この世で一番美しいのは誰？」とたずねられる鏡の精の役が来て、１００円均一で買ったラメを顔中に貼って出ました。買いに行ったのは本番当日。なんかおかしなキャラを作って出てみたくなっちゃったんです。出演者の多くは、スキあれば周りを驚かしてやろうとしてますから。

王妃役の山崎洋子さんにも事前にまったく言ってなかったんで、驚愕してました。そういうことができるのも、大道芝居のいいところでしょうね。

（スタッフは語る）

小嶋寛

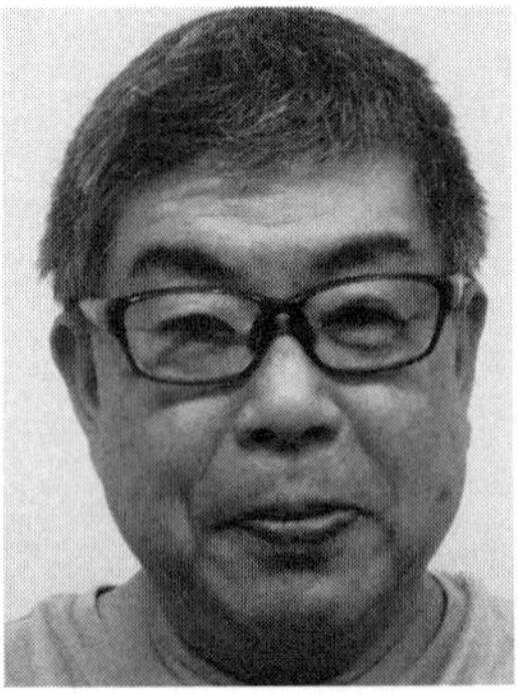

（イベント会社を経営し、大道芸フェスはもとより、ジャズフェスなど、横浜を舞台としたいくつものイベントを手掛ける。第四回では台本を担当。それ以外の回でも呼び込みから裏方まで、多方面で大道芝居をフォロー）

四回目となると、ようやく大道芝居も人が揃ってきて、方向性も見えて来た時期だと思うんです。それで台本を引き受けた後、柴田さんと長英座長と話をして、まず歌をたくさん挟んで、老若男女にわかりやすいものにしよう、となったんです。

しかも会場である駐車場のステージにも合って、一時間飽きさせないものにしたい、と。

それで映画のワンシーンもいくつか挟んで、野毛のもつバタ臭い港町のイメージともマッチさせたい。

構想は、柴田さんと話しながら進めていきました。根幹になったのが、『港町十三番地』でした。あれがまさに戦後の横浜だし、横浜っていったら、やはり美空ひばりでしょ、となったわけ。あの曲を最後にみんなで唄える芝居にしたい、と。

ファミリー感もとても大切にしました。すでに大道芝居は、メンバーが「年に1ヵ月の家族」になりかかってる。その家族の温かみも伝えていきたい。

だから、美空ひばり役に渋澤彩香ちゃんが入ってくれたのは、とてもよかったですね。父親とは、仕事で、ずっと一緒にやってきた仲間だし、奥さんも出てくれて、ファミリー感を出すのには最適でした。

野毛生粋の、「パリ一」の息子・浩平くんに出てもらったのもよかった。中一になったばかりの彼に、なぜか「フーテンの寅」をやらしちゃったけど。彼みたいな人が出ることで、野毛自体がひとつのファミリーになった実感が沸くんです。

おかしなもので、かつては「時代遅れの街」と思われていた野毛が、今は一周遅れで流行の先端になっちゃったみたいなところがあるでしょ。街歩くと、若いコがいっぱい飲んでる。

そういうイメージを生み出した要因の一つに大道芝居もあったんじゃないかな。

なんか街自体がバカバカしくて楽しそうじゃないですか。

第五回（1999年）
『春乃野毛　文七元結長屋花見』

筋で見せる芝居を

ごった煮バラエティショーを繰り広げた翌年ではあるものの、大道芝居はなぜかその路線を突っ走ることなく、どちらかといえば芝居の王道に近い骨太路線を歩むことになる。

長英座長は稽古前の顔合わせで、こ

う語っている。

「原作に忠実にドラマで見せる。筋で見せる」

またプロデューサー福田豊も、

「ホントの芝居らしい芝居をやりたい。そろそろ小学校から高校野球にしたい」

そして長英座長の思わずの本音も。

「大人たちの楽しい学芸会。短い3週間を思いきり楽しく過ごしたい。僕も、4月になると、嬉しいような困ったような、へんな気分です」

決まった演目が落語の人情噺で知られる『文七元結』。

腕はいいが博打好きで借金を抱え、総額50両になってしまった左官・長兵衛。娘・お久は長兵衛に目を覚ましてほしいばかりに、吉原に身を売ろうとする。その吉原の妓楼の女将は、いい人で、長兵衛を呼び、とにかく50両は貸してあげるから、性根を治して働いて、期限内に返してくれれば娘はキレイな体のまま返す、と約束する。

ところが50両を受け取った帰り道、大事なお店の金をなくしたから死ななきゃならない、と川で身投げしようとしていた文七を救うため、50両渡してしまう。

さあ、あるはずの金がないので、長兵衛の女房は怒った。「どうせ博打でスッたんだろう」とスッタモンダしているうちに、文七の店の主人がやってきて真実がわかり、文七とお久が結ばれることになってメデタシメデタシ。

これに、同じ落語の『長屋の花見』の話をくっつけたわけだが、どちらも舞台が江戸の長屋、というのもあって、まったく違和感はない。

会場は、福田が長英に「大道芝居やろうよ」と誘ったバー「R」の真ん前の駐車場。

またまた集った新戦力

すっかり、野毛の春の風物詩として定着した大道芝居だけに、新戦力も次々に入ってきていた。

まずは新たな弁士として登場した松本玲子だろう。FMヨコハマで、市の広報番組のレポーターとして取材に来たのを「スカウト」されたのだ。スタッフの一人・高嶋恵子が「あの人は弁士にピッタリ」と熱烈に押したのが決め手になったともいわれる。

実際、本番前になると、

「稽古には決して揃わない役者、スタッフ総勢60名!」

「大道具、小道具すべて手作り！　稽古より道具作りに一生懸命！」

などと語りつつ、芝居が始まる雰囲気を作り出していた。

もう一人の大型新人が岩谷喜代晴だ。稽古場に見学にいったら、文七がつとめるお店から、長兵衛を呼びにやってくる番頭の役をふられて、いきなり役者デビュー。

しかも長英に「ただ出てくるのもつまらないから、フラフープ回しながら出てみれば」といわれてやってみたら、本番バカウケ。それからヤミツキになってレギュラー出演になってしまった人物だ。「いきなり参加➡バカウケ➡ヤミツキ」のパターンは、その後もちょくちょく出現する。

だが、なんといってもこれぞ野毛が生んだ最高の秘密兵器ともいえる「大物新人」が舞台に立つことになった。

「一千代の誠ちゃん」こと関口誠一だ。

「オレは出ない」とずっと断り続けていたものの、「セリフも動きもない役ならいいじゃないか」と福田らに口説かれて、ついに承諾。

与えられた役は「土左衛門」。川でおぼれて、打ち上げられた死体の役だ。確かにこれならセリフもないし、横たわっているだけで動きもない。

なぜかこの役は地元の人たちに大好評で、第六回もまた「土左衛門」を演じている。

長兵衛の娘・お久役を演じたＴＢＳラジオのキャスタードライバー・大坂和代も初参加だ。

演技を超えた魂の交流も

本番初日は雨。会場には傘を差したお客さんが集まってくる。

弁士の口上と、柝頭の拍子木の音が入って、まずは開演。ハモニカ長屋の花見のシーンは、「お酒」ならぬ「お茶け」を飲みつつ強引に盛り上がり、宮本和子をはじめとした「井戸端シスターズ」は『北酒場』ならぬ『野毛酒場』を唄い踊る。

長屋の大家と女房が高秀・山崎コンビだ。

舟橋・寺嵜コンビは、今回も「馬」。

長兵衛と座長演じる女房との夫婦ゲンカシーン、長兵衛が吉原遊郭の心優しい女将に「まっとうに働きなさいよ」と諭されるシーンなどが続く。

さて、ここで女将役は朴慶南。一方、長兵衛役の柴田は、実生活では、ちょうど親から受け継いだ鉄工所をつぶし、連鎖的に自ら経営していたワインバーも閉鎖で、失意のどん底にあった時期だった。おかげで、朴が柴田の手を握りながら言ったアドリブも、とても舞台上のものとは思えないリアリティがこもっていた。

「ね、人生はいつもやり直しができるの。自分を信じて踏み出していこうね。あなたを見守っている人たちがいるのを忘れないでね」

柴田は、「うん」「うん」とうなずきつつ、マジで泣きそうなのを我慢していたという。演技を超えた魂の交流というべきか。

バカバカしいけど懐が深い、そこにも大道芝居の魅力がある。

さて、川べり、長兵衛が文七にカネをくれてやる場面だが、そこに戸板に乗って引き上げられるのが誠ちゃんの土左衛門。日替わりで、翌日は赤フン姿の福田に代わっていた。

二日目も雨で、ついに会場は出来上がったばかりの「野毛ちかみち」へ。

きらびやかだったのは花魁道中。マリリン・モンローをイメージしたモンロー太夫に、ＴＢＳキャスタードライバーだった鮫島紀久子、元次太夫にシャンソン歌手・元次郎、淡谷太夫に、淡谷のり子そっくりの佐々木節子、ウクレレを持って「あーやんなっちゃった」とうたうウクレレ太夫に県職員・原澤敬治と続いたが、圧巻だったのが「パリ一」の浩平。化粧を施すとゾクッとするような美少女ぶりで、野毛には少なくないゲイのお客さんを胸キュンさせてしまったという。

瓦版屋に扮した荻野アンナは、相変わらずやりたい放題で、このころ話題になっていたサッチー（野村沙知代）と浅香光代のケンカを揶揄して、「サッチーは自分の危険をサッチー（察知）してた」だの、「恋といえばアムール、上手の手から水がモリエール」といったダジャレを飛ばしまくる。

酔っぱらった金魚売りで登場の祐徳太子もまた、「おれは元東京都知事候補」と連発しつつ、アドリブだけ言って去って行った。

真面目キャラが持ち味だったはずのラジオ日本アナウンサー・浅木勝が白塗りの夜鷹役で現れたのは、客席だけでなく、舞台袖までも驚かせた。

適度の脱線はありつつ、最後はハッピーエンドで『港町十三番地』。サンバチームもオヒネリ集めに加わってのお祭りであった。

真実がわかっての、めでたしめでたしのシーン。

この回は、「ちかみち」でも芝居が行われた。

（出演者は語る）

松本玲子

（FMヨコハマのリポーターとして大道芝居を取材したのをきっかけに、第五回、弁士として参加。第九回の『銭形平次捕物控』では、はじめて弁士を離れ、鼠小僧に扮する）

はじめは長英さんを取材して、体験リポートをするために簡単な役をやらせてもらうつもりだったんです。

ところがひょんなことから、いきなり全体をコントロールする「弁士」になりました。あのとき、私、まだ24で、何もわかってもいなかったんです。

一番最初に考えたのは、スタッフや役者さんたちの紹介。アンケート用紙を作って、皆さんに「どんな紹介をしてほしいか」をうかがったんです。どのタイミングで紹介

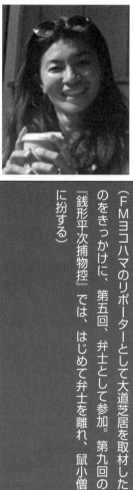

するかは長英さんと話し合って決めました。

長英さんのアドバイスは、

「シロート芝居なので、弁士が突っ込み入れたり、拾ってあげたりして、ストーリーが見えやすくなるようにしなきゃ。アドリブも入れるならどんどん入れていくべき」

でもみんな年上の方ばかりで、なかなか難しかったです。

1回目ですっかりハマってしまった私は、次の回からは、仕事を離れ、「個人」で参加する様になりました。

そして、回を重ねてコミニュケーションを積み重ねて行って、弁士として自然に演者に突っ込みもいれられるようになったんです。

稽古場で冗談言い合える関係にならないと、本番では自由自在にいきません。

何年目のことだったか、毎日の稽古に参加してプロンプを付けているうちに、台本をほぼ丸暗記していて、どなたのセリフが飛んでも、フォローできるようになっていたんです。

聞き取りにくいセリフをもう一度言ったり、お客さんには見えない演者さんの細かいボケを拾ったりもできるようになりました。

ようやく、初めて弁士役を長英さんにほめられたのは、第十回になったくらいでした。

すごく嬉しかったです。「弁士ってこういう感じなのかな」って、やっと自分の形が見えた気がしました。最初のころは、長英さんに毎日たくさん駄目出しされて、帰り道で泣き、翌日の稽古に「フラスコ」の坂を上がるのが辛かったですから。後半はどんどん楽しくなっていきました。

第九回で弁士でなく、鼠小僧の役をやったのもよかったのかも。

弁士として感じる空気と、舞台で役を演じている時に流れる空気の違いを実感しました。あ、演者は、こういうところで、弁士に突っ込みを入れてほしいんだな、とか。

（出演者は語る）

浅木勝

（ラジオ日本のアナウンサーとして朝のワイド番組のパーソナリティをつとめる。大道芝居は第四回から参加し、最終回まで出演している）

私の担当していた『リビングトーク1422』という番組には、日替わりで女性レギュラーの方がいたんですが、その水曜出演が山崎洋子さんだったんです。それで「野毛の大道芝居、出ましょうよ」って引っ張り込まれたんですよ。

最初の第四回は、往年の名アナウンサー・竹脇昌作さんのモノマネでした。窓枠の向こうから背広にネクタイ姿で出て、ニュースを読むんです。

カルチャーショックでしたね。お客さんと舞台の境界線がないくらい近いのと、なんの理由づけもなく出演者が出てくるのが。今までいた世界とぜんぜん違うのが楽しかった。それで私、次の『文七元結』では、自分から進んで夜鷹の役をやらせてもらったんです。白塗りの化粧を元次郎さんがやって下さって。みんな驚いてました。社内でも家でも、一応、真面目なイメージが強かったですから。もう、それがたまらなく快感でした。

そのうち、同じ『リビングトーク１４２２』の火曜担当だった小林カツ代さんも仲間入りしてきました。私も『二十四の瞳』では生徒の役をやったり、『七人の侍』で侍の一人の剣豪の役をやったり、ずっと楽しませてもらいました。

大道芝居を通してつくづく思ったのは、「まとめなくてもいいんだ」ということですね。仕事がら、普段のラジオでは、時間の制約もあるし、放送コードもある。いつも「まとめなきゃいけない」と必死になっているわけですが、野毛はもう皆さん好き勝手。プロデューサーの福田さん自体が、「いい加減でいい」って明言してるくらいで。アドリブいったり、奇抜なカッコしてたり、ついセリフ忘れちゃったりしても、かえってお客さんが喜ぶ分、大歓迎といった感じ。

こんな空間だからこそ私も夜鷹ができたんです。

（出演者は語る）

岩谷喜代晴

（土木関係の会社を経営するかたわら、オヤジバンドを結成して活動中。第五回に参加してからは、演者だけでなく、大道具、小道具作りにも腕を振るう）

バンド仲間が長英さんの友達なのもあって、一度どんなことをしてるのか、花見のついでに「フラスコ」に見学に行ったんです。ちょうど親戚の葬式があった後で、黒の喪服にサングラスでした。だから私のことをヤクザと勘違いした人もいたみたい。そこで初めて会った長英さんに、「よかったら、手伝ってよ」って頼まれました。

出演はともかく、舞台で使うセットとか作るんなら得意だからＯＫすると、あとから「じゃあついでに、半纏でも着て、舞台出てよ」

野毛の祭り半纏がちょうど「フラスコ」にあったんで、それ来て出たら似合うっていうんです。左官の長兵衛のところに使いの者として来るお店の人間が、ちょうど欲しかった、だから出てくれってことです。頼まれたら断れねぇや、と「いいですよ」と答えましたよ。すると、今度は、「ただ来てセリフいうだけじゃつまらない」と長英さんが稽古場見回して、大道芸の人の使う小道具なのか、フラフープが置いてあった。

「あ、あれ、回しながら出るってのはいいね？」

時代劇なのに、フラフープ回しながら長屋にたずねていくんだから、ムチャクチャですよね。恥ずかしいやら緊張するやらで固くなりながらどうにか本番でやってみたら、お客さんに大うけでね。

「またやってみようか」

で最終回まで続いちゃった。『二十四の瞳』では墓のセット作ったり、『無法松』では太鼓を置く台を作ったり、道具作りでも、いろいろやりましたよ。

あれから、大道芝居の人たちも、私たちがやってバンドのライブにも客として来てくれるようになって、私もあの中の誰かがライブでもやってるとなるべく行くようになりました。いろんな立場や年齢の人と一緒に遊べて、楽しかったですよね。

（出演者は語る）

関口誠一

（いわずとしれた大道芝居のたまり場「一千代」主人。第五回の土左衛門に始まり、毎回、ワンポイント出演で人気をさらっていった）

ずっと出演はイヤだっていってたんだけど、セリフも動きもない土左衛門ならいいか、って五回目でＯＫした。店もあるし、ちょっと出て行って、すぐ戻ってこれそうだし。で、そのあとやったのがまた土左衛門で、そのうち、うなぎの着ぐるみ着て「うなぎの土左衛門」やった。

出てみたら、余裕出てきて、セリフあってもいいな、と思うようになった。

で、無法松の時かな、照明がついて、土左衛門がやにわに起き上がって、みんなが

驚いたところでセリフをいった。どんなセリフだったか忘れたけど、ちゃんと言ったら、あとで長英さんから、

「誠ちゃん、セリフの間の取り方がいいよ」

ホメてくれた。ますます嬉しくなって、もっとセリフがある役がやりたくなっていった。あと、お地蔵さんの役もやったね。みんなに拝まれるの。

アザラシのタマちゃんは二回やってる。うっかり多摩川に迷いこんなだアザラシが話題になったことがあったでしょ、あれ。アザラシの着ぐるみ着て。

最終回でようやく人間の役が来た。国定忠治の手下・浅太郎の役で、セリフもちゃんとある。

タマちゃんの時なんか、「タマちゃんだ」って子供とかが喜んでくれるんで、とてもやりがい感じたね。

大道芝居の打ち上げは、とにかく賑やかだった。「フラスコ」でカネの計算してるメンバーが、一人一人の取り分にわけてこっちに来るのがだいたいいつも11時から12時。それで本格的な宴会になって、3時くらいまで続いたかな。最初の頃は30人かそこいらだったのが、やるたびに人が増えて、最後には60人くらいになっちゃった。

（スタッフは語る）

大田エミ子

（主婦。ビデオ撮影が趣味で、大道芝居は第三回目から最終回まで、本番の舞台のみならず、稽古場風景も撮り続けた）

毎日新聞に載っていた朴慶南さんのエッセイで、大道芝居のことを知ったんです。でも、一回目を見に行ったら「夕べやったんです」って一日遅れで見られませんでした。それで二回目はビデオをもって撮影して、そのキャストの名簿が欲しいと思って、大道芸事務局に連絡したら、出られたのが大久保さん。「来年からも撮影したいんですが」「どうぞどうぞ」となって、カメラかついで「フラスコ」にも行くようになったんです。

中でも思い出深いのは五回目の文七元結の時ですね。そのころは、稽古場のみのビデオ作品作りは私が考えた企画でビデオ撮ったりもできるようになっていました。で、この回のはじめに長英さんが、「これは大人の学芸会」とおっしゃったのを利用して、出演者の皆さんそれぞれの学芸会の思い出を語ってもらうことにしたのです。高秀市長には、北海道時代の思い出で、野球のスローモーションの動きをやってみたが、とても難しかった話をしていただきました。

山崎さんはも「いい役はいつも市長さんの娘。私には来なかった」って。

長英さんは子供のころ体が弱くて、担任の先生が少しでも強くなってもらおうと学芸会で役をくれたそうです。「あれがオレの原点かも」って。

慶南さんなんかは、「私は浦島太郎で、竜宮城のワカメの役。揺れてるだけ」

皆さん、稽古場ではキラキラと顔が輝いていて、私はそのキラキラを撮ればいいんだ、と思いました。

撮影三年目から、私も投げ銭を分け前としていただけるようになりました。稽古場に行っても、皆さん、ごく自然に私を「仲間」として接してくれますし。

そういう、どんな人にも垣根がないのもヨコハマの土地柄なんでしょうか。

第六回（2000年）『野毛版 二十四の瞳』

オッサン揃いの生徒たち

台本は、地元・横浜で演劇集団を主宰する井上学。つまり初めて「プロ」の演劇人が台本を手掛けることになった。

内容的には『二十四の瞳』をベースに、『坊ちゃん』のストーリーを重ね

ていく。

出来上がった台本を見た福田プロデューサー、

「いやぁ、台本の出来が良くて、お役者衆もノリノリ」

と、本読み段階では、まずは楽しそう。主役の大石先生に指名された山崎洋子は、

「パンパンや愛人をやらされた末に、ようやく20歳の、私に相応しい役が回って来た」

と冗談半分ながら喜びは隠せない。

配役でいうと、『坊ちゃん』側は、まあ、マドンナの長英座長をのぞけば、そここそ常識的顔ぶれ。赤シャツの寺嵜弘康は、ついに「馬」から人間になり、野だいこの五月小一朗、山嵐の平岡正明も柄に合っている。坊ちゃんは柴田浩一で、かつては本当に横浜の坊ちゃんであった。

一方で、大石先生を囲む生徒たちは、相当に倒錯している。当時、渋谷に出没していたヤマンバ・ギャルの格好で登場した原澤敬治や、なぜかピッチャー松坂大輔になった内山浩志、女のコ役の舟橋義人、白塗りの岩谷喜代晴、見た目がオジサン過ぎる田中善明や浅木勝、野武貞夫、フランス人のジル・エラネなど。

いいオッサンが子供の格好をして仲良くじゃれ合っている様は、なかなかの見モノ

だった。

ただ、その中で「パリ一」浩平だけは、年齢的なこともあって生徒役にピッタリとハマっていた。

やや体調を崩していた元次郎は、この回は裏方としてメイクを担当した。

場所は前回と同じ、バー「R」の正面の駐車場。だが、雨にたたられて初日は「ちかみち」での公演になってしまった。弁士は初日・中村行宏、2日目・松本玲子の日替わりだ。

それでは、どんな舞台が繰り広げられたか、簡単に振り返ってみよう。

前半はテンポよくドタバタに

時は昭和初期。ある島の浜辺で、いつもの「三人娘」のダンスがあって、そこに小学校の新任の「おなご先生」が自転車で登場だ。

さっそくの入学式。なぜか先生の側は山嵐だの赤シャツだのの坊ちゃんキャラ。あの淡谷のり子そっくりの佐々木節子もいる。生徒側には例のオッサン揃いの小学生たちだ。

途中、本筋とは何の関係もない荻野アンナ扮する漁師と、乙姫様に仕える赤フン姿のウミガメに扮する福田豊の一幕も。

「おー、「萬里」のオヤジ！　バンリキュースや！」

といったダジャレもお約束。

大石先生をワガモノにしようと画策する赤シャツは、わざわざ落とし穴を掘って、それを救ってやって彼女の気を引こうとする。

大石先生、その穴にハマって大けが。

なぜか打ち上げられた土左衛門が、両手に二台の赤いミニカーを持っていて、落とし穴をつくったのは、「赤い車が二台で、赤車ツーで、赤シャツ！」と判明。

要するに単なるダジャレ。

その後、生徒達が大石先生のお見舞いにやってきて、一緒に記念写真を撮る。ちょうどコービーブレイクのように、小林カツ代と秋山祐徳太子のアドリブの掛け合い、朴慶南演じる夜鷹の「人生、なにがあってもあきらめちゃいけないよ」というお客への呼びかけがあって、再び赤シャツに言い寄られる大石先生。それを助ける生徒たちと坊ちゃんや山嵐。

『坊ちゃん』の山嵐役は平岡正明だった。

大石先生を可憐？　に演じる山崎洋子。

なぜかデッカいフォークを持った小嶋寛扮するダイマジン（たぶん当時現役だったピッチャー佐々木と決め球・フォークボールをイメージしたキャラなんだろう）によって、赤シャツはコテンパにやられる。

ま、ここまでの流れは、ほぼいつものドタバタ大道芝居テーストだ。

弁士まで泣いちゃった！

ところが、この回は、後半、俄然、泣かせに入ってくる。大道芝居としては、非常に珍しいパターンだ。

戦争が始まり、成長した生徒たちも出征していく。軍歌が流れ、照明、音響などで戦争の苛烈さがイメージされて。

時はたって、戦争は終わり、大石先生も38歳だ。12人いた生徒のうち、3人は戦死。浩平は盲目になって帰ってくる。で、同窓会が開かれる。

頭に三角巾を付けている死んだ三人も、高秀秀信扮する閻魔大王の特別のはからいで、一日だけの休暇を許され、密かに同窓会に参加。（ちなみに閻魔様の衣装はなか

なか見つからず、中華街でようやく見つけて借りて来たとか）

そこで、昔の思い出話になり、みんなで一緒に撮った記念写真を取り出す。だが、盲目になった浩平だけは、見えない。他のメンバーはそれを気の毒がるも、浩平は毅然として、こう言い放つ。

「あの写真だけは見えるんだ！　心の眼に焼き付いている。あのころが一番幸せだった」

ここが、泣かせどころのピークなのだ。弁士をしていた松本玲子も、つい涙ぐんで言葉が出ず、観客から「玲子ちゃん、がんばって！」と声がかかってしまったくらい。

前半に写真撮影のシーンをさりげなく伏線として織り込んで後半の泣かせ場面にもってくるテクニック、また盲目の生徒に浩平少年を持ってくるキャスティング。このあたりが実に心憎い。

さすがにあの役は、オッサンがやったら興ざめだ。

そのまま『仰げば尊し』を皆でうたって余韻を残しつつ、エンディングは一転して『港町十三番地』とサンバ。

なお、オヒネリは総額50万円くらいで、一人あたま8千円ちょっとの分配だったとか。

（出演者は語る）
山崎洋子
（作家。横浜をテーマにした著書も多い。大道芝居には第二回から参加し、数々の大役もつとめている）

もともとのキッカケは、平岡さんが編集していたミニコミ誌『ハマ野毛』だったんです。
読んだら凄い完成度で、ぜひバックナンバー欲しくて事務局に連絡したら、「フラスコ」に行けばいただける、って言われて。さっそく行くと、そこに平岡さんと福田さんがいたんです。
「ね、大道芝居やりましょうよ」

『ハマ野毛』の編集長に誘われたら、断れません。

「台本はもう出来てるけど、好きなところに自分の出番を書き込んでくれ」といわれて、二回目の次郎長の時に最終的に決めた役が、「石松のいまわの際に登場する謎の女」。

そのあともパンパンだったり愛人だったり、汚れ役が多かったのが、『二十四の瞳』では、

「イメージがピッタリだから」

っていきなり主役ですから。

さすがにこれは出来るだけ真剣にやらなきゃ、と1ヵ月仕事休んで必死で取り組みました。

でも、主役だからって、あんまり気を使ってくれないの。舞台で使う白転車も松葉杖もみんな自前。

そんなに頑張ったのに、終わって知り合いの女性に感想聞いたら、

「友達と見に来たけど、今までのに比べて、今年が一番面白くないって言ってた」

だって。ガッカリでしたよ。

ただ、共演者は面白かったたですね。悪ガキの役で出てた人なんですが、野武貞夫さんなんて、ケンカで30回以上警察のお世話になったたって。生徒役じゃないけど、ドヤ街に住んでるらしいって人もいて、それに市長さんもいるわけでしょう。

まあ、多種多彩ですよね。

TVKのちゃんとした社員のくせに、白雪姫の時に顔中ラメを張りまくって私をビックリさせた中村さんみたいな人もいるし。

日経の記者だった舟橋さんと県の職員の寺嵜さんが「馬」やったのも、感動でした。

横浜って、こんなフツーの人がバカやれるんだって。

「あとは自分がなんとかするから、なにやってもいいですよ」

っていう福田さんの姿勢も素晴らしかったです。

（出演者は語る）

原澤敬治

（県庁職員で、大内順の誘いもあって三回目から参加。ナオミ・キャンベルやウクレレ太夫など、ユニークな扮装での登場が多い）

正直、僕はずっとチョイ役ばっかりなんです。ストーリーにはほぼ絡まない、バッと出て賑やかすだけの役。

三回目はナオミ・キャンベルでしょ。それで文七元結の時はウクレレ太夫。強引ですよね、花魁の格好してウクレレひいて、牧伸二の「あーやんなっちゃった」を唄うんですから。

ちょっとマトモだったのが高秀市長の水戸黄門に、助さんで付いたことかな。

でも、ずっとやるっていうのは、結局、こういう役が好きなんでしょうね。『二十四の瞳』では、生徒の一人で、若くして子供が出来ちゃって、学校やめたシブヤ系ガングロギャルをやりました。

元ヤクザで、ラーメン屋、タクシー運転手をやってたっていう野武さんも、同じ生徒役。それで二人で一緒によくセット作ったりしてたんですが、ペンキ塗ると、服が汚れるでしょ。野武さん、わざわざタクシー会社の青いつなぎをくれたんです。だから二人ともおそろいの青いつなぎでペンキ塗ったりしてました。いい人でしたよ。

役者の中でも、稽古してると台本通りやろうとする人もいれば、できれば自分なりのアイデアを入れようとする人がいます。

ただ長英さんの性格を考えると、ストレートに言うと「ダメ」って拒否される。まずは台本通りにキッチリとやっておいて、その上で「提案なんですが」と出すと、よく通る。

寺嵜さんなんか、うまかったです。一回ちゃんとやった後に、笑顔で、「こんなのどうですか?」と持っていく。出席率高くて、いろんな人の代役をこなしてるから、台本も頭に入っていて、演出の意図もわかる。

だから僕らは寺嵜さんを「代役の帝王」って呼んでました。

第七回（2001年）
『野毛版　無法松の一生　玄界灘に、海鳴り太鼓の音がする』

とてもシュールな試み

これはひょっとして相当画期的というか、シュールな試みだったのかもしれない。なんとあの『無法松の一生』の松五郎と日本を代表するマンガの『サザエさん』のサザエさん一家がお隣りさんだったという設定

なのだから。

まったく違うタイプの物語を一体どうやって融合させていくつもりなのか？

台本は、あの「本番遅刻事件」から「真人間」に戻って、ついに大道芝居の大黒柱の一人になった柴田浩一。彼がまさに、この実験的なチャレンジに挑んだ。

キャスティングを見ていくと、無法松側は、主人公・無法松に「ラテン男」石山和男。彼が密かに慕う吉岡夫人はプロの女優である今橋由紀と渋澤家の奥さん・聡の日替わりキャスト。吉岡の息子「ぼん」役も渋澤家の彩香。で、車夫仲間には、派手派手メイクなしの原澤敬治と浅木勝、田中善明と、まずまず年相応のオッサンキャストで渋くまとめる。

一方のサザエさん一家はやや吹っ飛んでいて、波平の寺嵜弘康はともかく、フネ役には女装大好きの長英座長。サザエさんは「三人娘」から独立した宮本和子で、なぜかカツオ役はフランス人のジル・エラネ。タラちゃん役が高秀市長の娘・佳代子で、タマが伊東みき。

ま、これはこれでいいのかな、という気もしないでもない。

この回もまた雨にたたられ、一日は「R」の前の駐車場で出来たが、もう一日は「ちかみち」になった。

「屋根のあるところではやりたくない」と長英座長、だいぶゴネたものの、予算の関係もあり、無理を通すことも出来ず、結局はやることになる。

ただ、地下でやると、たとえ大きな声を出しても拡散して客席に上手く届かないことや、楽屋などのスペースを取るのが難しい、なんといっても屋外でやるのに比べてグッとオヒネリの額が減る、などといった要因もあって、今後、地下でやるのはなしにしよう、と決まった。

以後の回は、すべて屋外での公演になる。

森直実描く、マリリン・モンローと座頭市とバットマンの絵も舞台背景として飾られ、いよいよ本番だ。

決めゼリフもピシャリとハマる

冒頭は松五郎と仲間たち、サザエさん一家と、それぞれの紹介からはじまる。

でもって、カツオが吉岡のぼんにちょっかいを出し、そこを無法松が助けに来る、という設定で、だいぶ強引に無法松とサザエさん一家との関係づけがされる。ま、そこで吉岡夫人と出会って一目ぼれするのは、原作通りではあるけど。

そして、なぜか円満家庭そのもののサザエさん一家に「地上げ屋」の魔の手が迫ってくる。イヤミ組というヤクザたちで、平岡正明扮する若頭をはじめ、柴田浩一や、中国マフィアの福田豊までが一家に立ち退きを迫りに来るのだ。

そこに助け船を出したのが、これまた無法松。しかし、小競り合いが収まらないところへ、同じ福岡モノでも、『無法松』ではなく、高秀扮する『花と龍』の玉井金五郎が、その場を収める。

ここまで、強引な「無法松」「サザエ」コラボもそう無理はなく、スムーズだ。

イヤミ組組長は『おそ松くん』のイヤミキャラで、サザエさん一家の家を狙っているのと同じく、吉岡夫人のことも狙っている。演じるのは、舟橋義人。

寺嵜といい舟橋といい、二回前の「馬」からだいぶステップアップしている。

そこで、イヤミと雌雄を決するべく、無法松は「小倉太鼓合戦」でのタイマン勝負に乗り出すのだ。つまり、中央に置かれた太鼓を互いにかわりばんこに叩き、客席ではサザエさん一家も松五郎の応援に来ている。

サザエさん一家大集合。

無法松の太鼓はみっちりと稽古を重ねた。

この太鼓合戦は、二人とも特訓を重ねただけあって、シロート離れした迫力、と評判だった。もちろん勝ったのは無法松だ。

やがて月日が流れ、ぼんもすっかり大きくなってしまった。

淋しく一人暮らしをし、ついには倒れてしまう無法松を最初にみつけたのが中村行宏扮する駐在さんで、玉井金五郎、さらには吉岡夫人も駆けつけてくる。

亡くなった松五郎の預金通帳を見つけると、その名義は吉岡夫人とぼんのものになっており、その心根に金五郎も夫人も涙涙……。

最後は、金五郎の

「玄界灘の海鳴り太鼓の音が聞こえる。まるで松五郎の太鼓の音のようだ」

という決めゼリフがピシャリと決まったところで『港町十三番地』だ。

高秀市長、よっぽど気持ちよかったのか、フィナーレでは「やりきった」という表情で、自ら、思い切り太鼓を叩く。

予想に反して、最後まで無理なくコラボはうまくいっている上に、ラストの高秀さんはよかった、との声がとても多かった回だった。

（出演者は語る）

石山和男

（ご存知、エスコーラ・ヂ・サンバ・サウーヂ主宰者で「野毛にラテンの風を吹かせた男」。サウーヂを率いて第一回から参加。最終回まで皆勤）

1989年から『ばかなべ　浜幸』の石井幸夫オーナーの紹介もあって、大道芸フェスティバルのパレードにサウーヂが参加するようになったんです。それで福田さんとも知り合いになって、「萬里」の三階屋根裏部屋でたっぷりと口説かれました。

「大道芝居に出てくれ。ビキニのねーちゃんが出れば盛り上がる」

さっそく第一回では、女のコ10人くらい連れて参加しました。だから最初は僕は「団長」って呼ばれてました。

そのうち、だんだんしっかりした演技力を要求される役がつくようになってきました。五回目の『文七元結』の大店の主人なんて、セリフが20カ所くらいありましたから。ま、その次の『二十四の瞳』は、「謎のラテン男・ロドリゲス」ってわけわかんない役でしたが。

それまでの回でいろんな役をやって、初めて主役になったのが七回目の『無法松』です。

プロの有名な和太鼓奏者をコーチに招いて、厳しい特訓ですよ。僕も毎日、夕方早く「フラスコ」に行って、2~3時間、和太鼓の練習やってからみんなと稽古に入るんです。

本業の雑誌のライターの仕事もセーブして、ほぼ全面的に大道芝居に賭けてましたね。

忘れられないっていったらラストシーンでしょ。最後は松五郎が一人身になって、好きだった奥さんの息子さんのためにおカネを残して、玄界灘の波の音を太鼓の音にかぶらせながら死んでいくわけです。

それを中村さんの駐在さんが見つけて、高秀さん扮する玉井金五郎さんが後ろから抱きかかえてくれる。

とにかく興奮してるのか、高秀さん、めったやたらと声がデカいんですよね。死んでる僕の耳元で、思い切り声張り上げてセリフをしゃべる。あれ、ちょっとシンドかった。

よほどあの役が気に入ってたのか、高秀さん、「僕、暇なんだよ」なんて言いつつ、稽古によく顔出してました。

本番もそうですが、稽古も楽しかったです。初めてだったし。それに、最初は稽古してる最中でもよく缶ビールあけて飲んでた人がいたのが、『文七』とかの前後からいなくなってきましたよね。それだけ真剣に取り組むようになったってことでしょうか。

（スタッフは語る）

高嶋恵子

（舞台進行を担当して、第二回から参加）

社団法人・横浜演劇研究所というところにいました。アマチュア演劇の記録を残したり、プロ劇団の公演を見せる観客組織フォルクスビューネの運営、アマチュア劇団である「横浜小劇場」の公演活動等もしていました。

その縁で野毛の方々と親交の深い青少年センターの斉田さんの紹介で、大道芝居のお手伝いをすることになりました。

仕事は稽古場では、欠席している出演者の代役をしたり、台本の手直し分をコピーしたりの雑用です。

道具類等は皆で協力して作ります。芝居で使うものは、発泡スチロール等、軽いもので作りますが、本物の木でしっかり作って重たくて運ぶのにたいへんだったり、いろいろありました。

一番困ったのが、雨が降って、急に会場が外の駐車場から「ちかみち」に変更になった年でした。

トラックの手配を頼んだり、全ての道具類の運搬、「ちかみち」での配置等。皆さんの協力で無事上演出来たのは嬉しかったです。

七回目の『無法松』では、ゲネプロでけがしてしまったこともありました。舞台背景の裏に足場を組んで、上から雪を降らすんですが、その足場のすき間もわからない程、造花を置いてしまっていて、そのすき間に足をふみはずし、内出血となり痛い思いをしました。

色々たいへんなこともありましたが、楽しい経験をさせて戴きました。

第八回（2002年）

『野毛版 七人の侍と白雪姫』

出演者増加で、役の振り分けに苦しむ

前回の「無法松」「サザエ」コラボに比べると、この回の「七人の侍」と「白雪姫」には、あまり違和感はないかもしれない。同じ黒澤明作品には『隠し砦の三悪人』みたいな、姫を守って道

中するような、『白雪姫』とつながりそうな内容のものもあるくらい。

キャスティングでいうと、なぜ以前にこの企画がなかったのか、と思えるほど、ビジュアル的には主演の「白雪姫」と荻野アンナはピッタリ。

鏡に世界で一番誰が美しいかを聞く、「白雪姫」のもとの設定では継母の王妃にあたる役に山崎洋子が扮した。ただし役名は「その子」。美白で知られた鈴木その子をイメージした名前だろうか？

山賊に村を荒らされ、どうにかして撃退しようとする村人たちがいれば、彼らに雇われてやってくる七人の侍もいる。白雪姫のもとにいる七人の小人たちもいる、だんだん出演者が増えてきて、役を割り振るのに苦労している様子がなんとなく見えてくる。

台本を担当した柴田浩一も、こう語っている。

「役だけじゃなく、セリフを振るのもたいへんだった。一人一人、それなりの見せ場も作らなくちゃいけないから、それもたいへん」

そのために柴田自身は出演せず。しかも長英座長が仕事の都合でほぼ不在なため、演出までやる事になった。

そこでいろいろ工夫もした。たとえば白雪姫と一緒に行動する七人の小人はすべて女性にして、一人一人キャラクターをつける。新人の三森ひろみにはマリリン・モンローのキャラにしたり、ガングロっぽいキャラを与えたり。

さすがに常連組も増えてきて、なかなか「大型新人」デビューというのは少なくなったが、この回でいえば、新たに山賊役で登場した宮本和雄は、その茫洋とした風貌からして、相当ユニークだった。

メイクしてみたら、まさに山賊にピッタリ。演技力はまったくなかったし、本人はさほど芝居したいわけでもなかったのを、柴田は強引に引き入れた。

本番会場は、騒音トラブルなどもあって、前回の広い駐車場が使えなくなり、野毛一丁目のやや狭い駐車場に移動した。広さは前回の半分だが、場所があるだけよし、とみんなも納得した。

スタッフと出演者たちが、会場周辺の家やマンションに、大道芝居の開催と、それにともなってパーキングの使用が出来ないこと、ある程度の騒音が出ることなど、書かれたチラシをポスティング。

大道で行う芝居は、近隣の理解なしには出来ないのだ。

暴走する白雪姫

さて、本番開始だ。田園風景を背景に、二人の山賊たちが村の娘を拉致していこうとする。必死で止める村人だが、力の強い山賊たちに敵うはずもなく、連れ去られてしまう。

このままじゃ我慢できない、カネで侍をやとってでもいいから、山賊をやっつけよう、と村人たちの決意は固い。で、そこになぜか、その年の横浜市長選で残念ながら落選したばかりの高秀秀信がジャンパー姿で、村人の相談相手として登場。

大道芝居のメンバーは高秀に対する「仲間意識」は強いのだ。落選したぐらいで、「もう来なくていいよ」とは言わない。

そのあと、「その子」と鏡の精との「世界で一番美しいのは誰？」のシーンが続く。なんと鏡の精役の中村行宏は、とっさに顔中にラメを張って「その子」役の山崎洋子を驚かせる手に出て、山崎どころか、客席全体もビックリだ。「その子」のお母さんとして、淡谷のり子そっくりの佐々木節子も現れて、花を添えている。

もっとも、この「その子」シーンはストーリー全体とほぼ関係ない。

村人たちは、この次は姫まで拉致されてしまう、と焦っているのだが、その姫こそ七人の小人と一緒に暮らす白雪姫だったというわけ。

この強引な設定のもと、白雪姫と小人たちの紹介シーンがまた繰り広げられる。姫がペロッとスカートをめくればはいていたのはお得意のモーモーパンツ。

「私は姫だから、ヒメイをあげるわ、キャー！」

などといった、いつもの「しょーもないダジャレ」も全開の白雪姫。一方、村人たちの方は、どうしたら山賊を退治できるかを、村にある「のんの様」というお地蔵様に相談してみる。このお地蔵様役が、「一千代の誠ちゃん」こと関口誠一なのだ。長いセリフもあり、土左衛門から、ここも少しずつステップアップしている。「普通の人間」役まではあと一歩だ。

クライマックスは、村人たちが雇った侍たちと山賊たちの殺陣シーンだ。山賊たちを退治したものの、侍側にも死者が出たのは映画『七人の侍』と一緒。

最後、侍のリーダーが「勝ったのは我々ではない。百姓たちだ」と言い放ったのも一緒。

とにかくたくさんの出演者が出はけした、忙しい舞台ではあった。

最終日の終演後、台本・演出と大活躍した柴田が、メンバー一堂に胴上げされた。

▲王妃の母は淡谷のり子。

◀鏡の精も登場する。

▲にぎやかなエンディング。

（出演者は語る）

三森ひろみ

（当時、N社フォークリフト生産工場につとめるOL。伝説の娼婦「ヨコハマメリー」について調べていたのが縁で、元次郎と知り合い、第八回から大道芝居にも参加し、最終回まで続く）

中学時代、私は地元にいたメリーさんを見下していたんです。大人になって、それをすごく後悔して、ネットでメリーさんのことを書いたりしてました。それで、元次郎さんがとても仲良しだって聞いて、会いに行ったんです。そこから（山崎）洋子さんや福田さんと知り合いになって大道芝居に参加するようになりました。

八回目の『白雪姫』がデビューで、役がマリリン・モンロー。

出てみると、言われた通りやるだけじゃなくて、もっとバカなことがしてみたくなるんですね。それで九回目の『銭形平次』では、花魁の役を振られて、ただの花魁じゃなくて、志村けんのバカ殿か、「チックショー」の小梅太夫みたいなバカ顔で行きたい、って柴田さんに相談したら、すぐにOK。

同じ花魁役の山崎さんには「キレイどころ」でいていただいて、私は隣で「バカ殿花魁」やったら楽しかったですよ。

その後の十回目の忠臣蔵では男役の畳屋藤次と、菅井きんさんが必殺シリーズでされていたシュウトメのような役の二役を頂きました。最終回では腹ペコで餓死寸前なのに太っている村娘でした。あんまり役柄は固定していませんでした。とにかく毎回、ハッチャケればいいか、くらいで。

稽古場も楽しかったですよ。岩谷さんに、「三森さんはいつもなんか食べてるね」って言われたくらい、よく食べてた。差し入れとかいろいろあって、食べるものがなにかしらあったんです。

長英さんの稽古は厳しかったです。ただ稽古のあとは「優しいオジサン」に戻るので、そう怖くはなかったし、大好きな座長です。

（出演者は語る）

宮本和雄

（画家。長年、秋山祐徳太子と行動をともにしている。大道芝居は第八回の山賊役から参加）

秋山さんが出ていたんで、大道芝居のことは知っていた。でも、知り合いの大内順さんから「山賊役がキャンセルになったんで、代わりに出てよ」と電話で言われた時は、やる気はなかったです。ところが、断るつもりで、高級のど飴もって「フラスコ」に行ったら、ちょうど出陣式にぶつかって「飲んでいきなよ」って誘われてしまった。酒は好きなんで、一緒に飲んでたら、柴田さんが「飲んだヤツは出なきゃいけない」って。

でも本番まで一週間くらいしかなくて、毎日通いましたよ。手にセリフの出だしの言葉を書いて、それで稽古するんです。そうじゃないとセリフが出てこない。稽古ですら緊張するし、「フラスコ」着く前に、近くのローソンで酒飲んでましたが、みんなに怒られまして。「酒なんか飲んじゃダメ」。

自分たちが酒飲ませて誘い込んだくせに、と思いましたよ。

「スタッフ一流、役者はシロート」

って誰かが言ってたけど、その通りでね。私なんかを舞台にあげちゃうんだから。山賊の私が、大塚葉子さんを刀で刺す場面があって、柴田さんと長英さん、「刺すときはブスッとやって」「大声でブスッ！　と言って」と指示されて、その通りやったら、大塚さん、小声で「私、ブスじゃないわよ」って。本気で怒ってました。まあ、「自由」というか「なりゆき」といった雰囲気がとても心地よかったですね。プロってわけでもないし、ノビノビとやりたいことやれるのがいいんでしょう。

大道芝居が楽しくて、そのうち浅草の木馬亭で、秋山さんと『へんぽこ人間』てライブも始めました。檻の中に秋山さんが入ってただ暴れたり。好き勝手なパフォーマンスをやるだけなんです。そこに大道芝居の平岡さんや柴田さんもトークゲストで来てもらったりもしました。要は、みんな集まって、なんか面白いことをする、それだけですね。

第九回（2003年）
『高秀秀信追善興行 銭形平次捕物控・横濱異聞帖』

異色の主役コンビ

さる2002年8月29日。高秀秀信・前横浜市長が73歳で亡くなった。そのため、この翌年の大道芝居には「高秀秀信追善興行」のタイトルも加わった。

主役・銭形平次の女房・お静役も、高秀の娘・佳代子だ。

場所は前々回の、また広めの駐車場に戻る。

本番の日、降っていた雨がピタリと止んで、虹まで出ていたのを、大道芝居メンバーの多くが記憶している。

「市長が来たんだ」

口々に語り合った。

横浜でいえば、アザラシのタマちゃんが多摩川だけでなく、横浜の鶴見川や帷子川にも姿を現したのが２００２年だった。ハヤリに乗るのが大好きな大道芝居は、さっそく人間以外をやらせたら天下一品のエース「一千代の誠ちゃん」に着ぐるみを着せ、タマちゃん役とした。

この回の主役を張ったのは、やや異色のコンビ。銭形平次には、浪曲師として、時には語り、また時には役者として中心の役を担ってきた五月小一朗（現・目白バタイユ）。

舞台での遊び好きの彼はまた、途中で、顔の半分だけ白塗りのメイクで登場して、手下・八五郎役の宮本和子を驚かせていた。

また、鼠小僧次郎吉役は、ずっと弁士ばかりで、初めて役者として舞台にたった松本玲子。

あとで彼女は、再び弁士に戻っているが、その時、どこで演者に対するツッコミを入れたらいいかだけでなく、どこで「間」を取ると演者が気持ちよく演技できるかのポイントもわかるようになったという。

代わりの弁士として玉川美穂子（現・玉川奈々福）が登場した。

初登場としては、お座敷の幇間役で八方破れな踊りを披露し、獣医さんのくせして、とても「獣医ばなれ」してると評判を呼んだ兵藤哲夫がいた。

また、この回で強烈なキャラクターを獲得した一人に伊東みきがいる。第二回から登場して芸者をやったりヤクルトおばさんをやったり、いくつものキャラを展開した末に「ばあさん」キャラを生み出したのだ。台本にセリフなんて書いてなくても、ばあさんとしてどんどん反応していくことになったわけだ。

この回は、「銭形」「鼠小僧」に加えて、『必殺』の要素も入るのだが、この仕置人に平岡正明や荻野アンナらが扮する。

最後にやられる悪役陣は、舟橋義人や、寺嵜弘康など、稽古出席率も高い、あまりヒドいアドリブもやらない、演出側にとってはありがたい顔ぶれが並んだ。

確かに、悪役が勝手なことをやり出すと、ストーリーは収拾がつかなくなってしまう。

市長も見ている

オープニングは、鼠小僧を岡っ引きが追う場面から始まる。

一転して、セットは平次のすまい。平次、お静に八五郎も加わっている。

この平次宅と、奉行所、それに悪奉行、悪徳商人たちが談合する遊郭の座敷などが、素早く転換されていくのは、さすがに「裏方はプロ」の大道芝居らしい。

悪奉行と悪商人たちは、女の子を誘拐して、横浜港から外国に売り飛ばして人儲けしよう、というヒドいことを企んでいた。しかもその犯人として鼠小僧に罪をおっかぶせてしまおう、というのだ。

そこへ、山崎洋子をはじめとしたキレイどころの花魁たちが登場だ。どうも、大道芝居は花魁が大好きのようで、時代劇というと、よく出てくる。三森ひろみも「小梅太夫」として、やや汚めの花魁を熱演。

ここで悪の仲間として現れるのが、どう見ても金正日をイメージしたとしか思えない秋山祐徳太子。

夜鷹の格好のシャノワールの元こと元次郎や、お待ちかねのタマちゃんら、続々と強力キャラが投入された後、ついに、悪い連中の悪だくみをつぶすために平次と鼠小僧は手を組んでしまう。

セットチェンジで誘拐された女のコを監禁する大桟橋の地下倉庫のシーンも挟みつつ、必殺仕置人が呼ばれ、助っ人になるのを約束する。

さて、いよいよ戦闘開始だ。舞台は野毛・都橋の下。商人や、彼らに雇われた浪人たちと、平次、鼠小僧、仕置人たちの死闘。

平次が投げる銭がなく、ちょうど飛んできた投げ銭を使う、などといったお約束のクスグリも交えて、予定通り悪役たちを撃破。

最後は平次や仕置人たちが、散らばったゴミを片付けながら、一言。

「これで市長も、草葉の陰で喜んでくれるでしょう」

横浜市は、ずっとゴミ問題で悩まされていたのだ。

きっと高秀さんも、客席に座りながら、「オレも出たかった」と言っているに違いない、とまた皆が口々に言い合った。

大道芝居では、割合、時代劇が多い。

もうすぐ殺陣が始まるところ。

（出演者は語る）

五月小一朗（現・目白バタイユ）

（浪曲師。第二回の『次郎長水滸伝』から参加。大道芝居では浪曲だけでなく役者としても活動し、第九回では主役の銭形平次に扮する）

浅草の木馬亭に、大道芝居のポスターも描いた画家の美濃瓢吾さんが住んでいて、親しくさせてもらっていたんです。その縁から、若手の浪曲師を捜していた長英さんにもお会いして、次郎長の時は浪曲で参加させていただきました。まだ入門からあまり時間がたってなくて、前座でしたね。大好きな虎造節をやらせていただき、「虎造！」なんて野次が飛んできて、いい気分でした。

それから『文七元結』で文七の役など、役者の方でも出るようになったんです。

大道芝居は自由に「遊び」ができるのがよかったですね。だから、よく「楽屋オチ」はやりました。フィナーレの時に、顔を半分白く塗って、もう半分だけで顔の芝居をしたり、音響の渋澤さんだけに頼んで、『タブー』を流してもらって、ストリップやってみたり。

お客さん以上に共演の人たちをビックリさせるのが嬉しいんです。

一番、反応が面白いのが柴田さんなんです。「エー、なんだよ、あれ！」ってひっくり返ってる。柴田さんの思い出を増やしてあげよう、そんな気持ちでしたね。

大道芝居のおかげで、仲間の輪が広がったのはありがたかったですね。

野毛のはずれの「ドルフィー」っていうお店で、石山さんがサンバの会をやった時には、サンバ浪曲を書き下ろして演じました。ボサノバも入れて、バカウケでした。マサヒロ水野さんも出演していたと思います。

「一千代」でも何度か独演会させてもらいました。競輪に凝っていた時期で、まるっきりスッカラカン。昼間、競輪場に行って、カネもないから何も食べずに独演会やって、栄養失調で倒れたこともあります。

秋山（祐徳太子）さんに、僕のイベントにゲストで出てもらったりもしました。

プロもシロートも一緒に楽しめる、人の垣根のない場所でしたよね。

（出演者は語る）

伊東みき

（「芸者三人娘」として第三回から参加。その後も出演を続け、第九回の「ばあさん」役が大好評をとる。現在は紙切り芸人・三遊亭絵馬として活躍中）

もともとはＯＬやっていたかたわら、サンバ・サウーヂの一員でもあったんです。ただ、一番なりたかったのは芸者さんで、なりたいけど難しいかな、と足踏みしてたら、「芸者出来るよ」って誘われて、芝居、始めちゃいました。本物じゃなくても、楽しかったですよ。カツラ、かぶりやすいように自分で直したりして。

それからしばらくは「三人娘」でした。私、かしまし娘が大好きだったので、ウキウキしてやってました。

でも、七回目は『サザエさん』のタマの役。着ぐるみ着て、ニャーだけでセリフもない。「こんな役、やらせやがって！」って、柴田さんと一緒のシーンで、思いっきりかみついたの覚えてます。それで次の『白雪姫』でも小人のうちの一人でしょ。「もっとハジケられる役がやりたい！」って、ムクムク意欲がわいてきたんです。

そして、九回目の『銭形平次』で、長屋のばあさんの役が来た時、開き直りましたね。こりゃもう、入れ歯とれたクシャクシャのばあさんやってみんなをアッといわせちゃおう、って。イメージは志村けん。ああいうばあさんに憧れてました。

あまりにばあさんなんで、長英さんからも「そこまでやんなくてもいい」って止められましたが、やり切りました。

それからあとは大道芝居では、ずっとばあさん。台本でもセリフは決まってなくって、「勝手にやって」になった。

最終回でも、マツケンサンバのシーンで、ばあさんのまんま踊りました。芝居のプロではないし、ホメられたいとは考えてません。好きなことをどれだけハジケてやれるかの方が大事。

紙切り芸人になる際には、平岡先生にも一方ならないお世話をいただき、大道芝居にはとても感謝しています。

第十回（2001年）
『元次郎追善興行　野毛版　一気に忠臣蔵』

思い切ったリニューアル

高秀市長のあとを追うように、２００４年3月12日、66歳で元次郎が亡くなった。そこで大道芝居は2年続けての「追善興行」となった。すでにがん細胞は全身に広がっており、本人も覚悟の死であった。

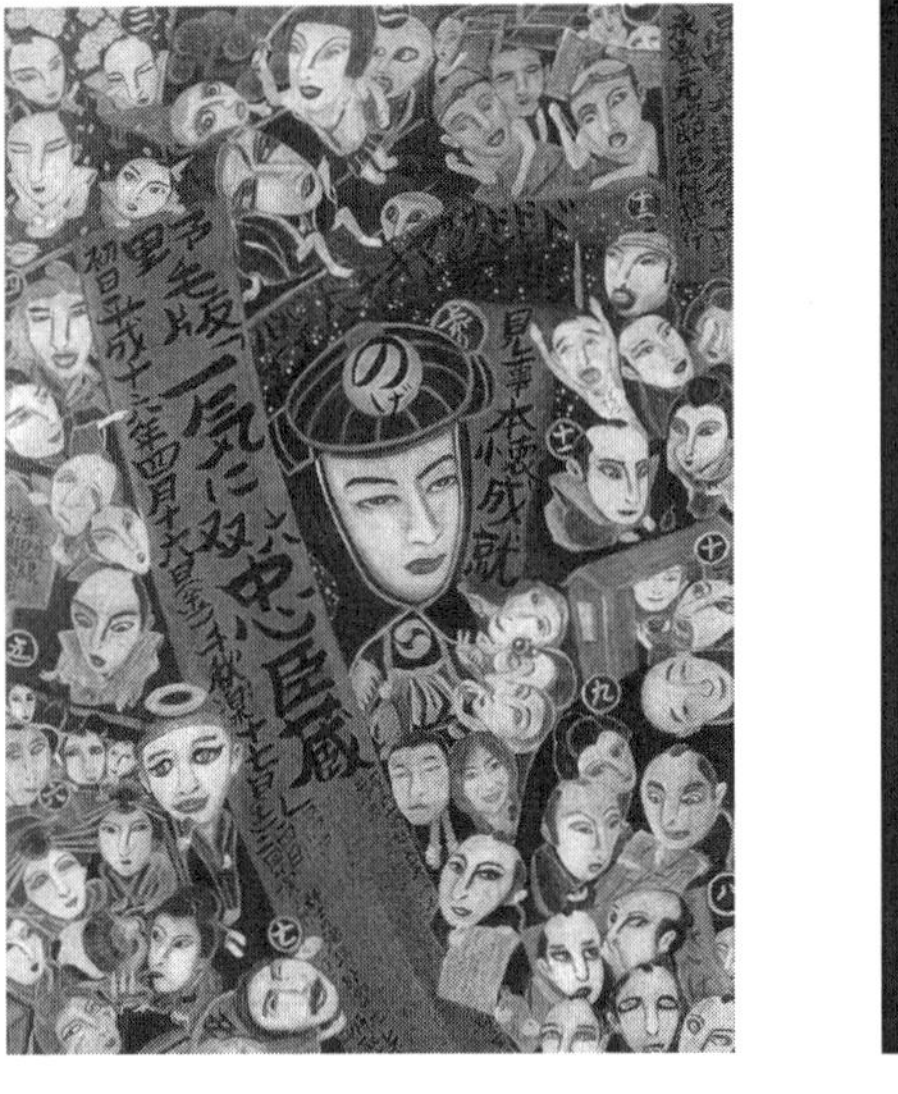

もう一つ、地元にとって大きな変化は東急東横線・桜木町駅が廃駅となったことだ。横浜を象徴する2つのシンボルが消えたことになる。

そして、この回、スタッフもキャストも、思い切った抜擢が行われる。

まず演出に清藤真理子。長英、柴田と続いて10年近くやってきたこのポジションを、前回、初めて演出助手として加わった人間に委ねた。

大石内蔵助の荻野アンナ。これは前々回の白雪姫もやったくらいなので意外性はない。だが、一応、彼女が忙しいのは知っていたので、柴田は「稽古、出てこれます?」とあらかじめたずねた。「大丈夫」と明快な答えで、ちゃんといつになく高い出席率でやる気を見せてくれたという。

意外なのが大石に並ぶ重要人物、吉良上野介と浅野内匠頭だ。

前回、幇間・音助役ではしゃぎまわり、「目立ちたくて仕方ない獣医さん」と一躍脚光を浴びた兵藤哲夫が吉良上野介。しゃべり声が異常に高いのと、どんなお手伝いでも骨惜しみせずにすると評判の内山浩志が浅野内匠頭。

しかも、ロリコンという設定の吉良を接待するために浅野はセーラー服姿で現れるムチャクチャなシチュエーション。稽古場で、衣装合わせのため、チョンマゲにセーラー服で皆の前に立った時は、一同大爆笑だったという。

負けじと兵藤も、わざわざ袴の下に赤フンをしめて、袴を踏まれるとスルッと落ちて赤フン姿になるように準備を練る。

なかなかユニークな「松の廊下」になる、と本番前から、キャストもスタッフも期待大。

他にも、短パン姿のグリコのマークそのままで、秋山祐徳太子が「グリコ男」での出番を待つなど、飛び道具はいくつも用意されていた。

「芝居らしい」芝居

出演者が多いと、どうしても選ばれる題目が「忠臣蔵」。登場人物一人一人の見せ場もあるし、日本人ならだいたいのストーリーは知っている。

今回の台本は、他のストーリーとのコラボもなく、大道芝居としては異色と思えるくらいに、「忠臣蔵」だけで突っ走っている。オープニングは浅野家江戸屋敷。吉良上野介から「朝廷の勅使を迎えるために、江戸城の畳を八百畳分畳替えしろ」という無理難題を押し付けられ、家臣・堀部安兵衛はすぐに畳屋に交渉に行く。

この畳屋の主人に扮したのが三森ひろみで、職人たちといきなり歌い踊る。

それが終わったら、前半の見どころ、「松の廊下」だ。セーラー服姿の内匠頭が上野介に襲いかかり、袴が脱げて上野介が赤フンになるあたりは、さすがに観客も沸きに沸く。

しかし大変なのが内匠頭の内山。この場面の次にすぐに切腹場面が来るので、セーラー服から白装束に早着替えしなくてはならない。

内山によれば「周りの人たちが協力して、全部着替えさせてくれた」とのことだが、彼は稽古事として日舞も習っていたらしく、和服は着慣れていたのだ。

それにしても、いまだかつて、セーラー服から白装束に着替えた内匠頭役者がいただろうか。

城の明け渡し場面で、いよいよ登場の大石内蔵助。これだけはみっちり練習した、という荻野アンナが、盛んに長谷川一夫の「おのおのがた」をくり返し、あまりのしつこさにまわり、あきれる。

仇討を忘れたかのように遊郭で遊びまくる大石。「イラクはイラクたいへんじゃ」

「シャネルでもってしゃーねるか」などというダジャレは忘れない。

家では、山崎洋子扮する妻のりくにも「慰謝料よこせ」と責められて立場のないところに、なぜか突然、マッカーサー元帥の格好をした中田宏・新横浜市長が登場し、山崎とアンナが聞き役になって、市長としての抱負を語る。

さっそくアンナは「こんな市長は、いナカッター」とかます。

街道の茶屋では、神崎与五郎が、雲助にバカにされても必死に耐えて股くぐりするエピソードがあり、与五郎の宮本和子と雲助の宮本和雄がなかなか適役、といわれた。

岡野金右衛門にまつわる恋愛エピソードもあり、そこにポツリと「西多摩雄」こと、「一千代の誠ちゃん」のタマちゃんが出現。前の年、好評だったので、これが再度の登板らしい。

舟橋義人扮する俵星玄蕃と五月小一朗の杉野十平次の話もあって、いよいよ「南部坂雪の別れ」だ。討ち入りを決めた内蔵助が、内匠頭の妻・瑤泉院に、わざと討ち入りの断念というウソを告げる名場面。

ここでもアンナ内蔵助、「野毛で飲み過ぎて肝臓を壊しました。皆さんも飲み過ぎはいかんぞー」などとダジャレをぶちこんでくる。

「おのおのがた」連発の大石内蔵助役・荻野アンナ。

セーラー服を着た浅野内匠頭。

雪を蹴立てて四十七士が吉良邸に向かう最中に通りかかったのが、グリコ男と、そのおまけだ。

あえてその後に討ち入り乱闘シーンはなく、最後に上野介が発見されるところだけは再現される。なんと、上野介役の兵藤は赤いネグリジェ姿。ついつい四十七士からもれる、「なんという気色の悪いヤツだ」

の一言も、非常に納得できる。

エンディングはなぜか「えーじゃないか」を出演者一同で踊り狂った末に、いつもの『港町十三番地』だ。

今回の芝居は、他の物語とのコラボもなく、大道芝居としては異色と思えるくらいに、「忠臣蔵」のストーリーだけで突っ走っている。だから「忠臣蔵」のダイジェスト版として、それなりのまとまりもある。いい意味では「芝居らしい」。悪い意味では「遊びが少ない」。

ただ、「まとまる」というのが大道芝居にとっていいことなのかは、賛否両論、あるかもしれない。

（出演者は語る）

内山浩志

（平岡正明の「教え子」として、第二回の「次郎長水滸伝」から参加。最終回まで皆勤。「忠臣蔵」では浅野内匠頭を演じる。声が人よりミオクターブ高い、ともいわれている）

専門学校で平岡先生に教わって、そのまま先生に付いていっちゃったんです。

実は大道芝居も、先生に「やらないか」と誘われていたのは別の人間で、僕は「やりたい」と自分で売り込みました。ずっと対人恐怖症で赤面症だったんです。だから、芝居に参加すれば自分が変われるんじゃないか、と思ったんです。

二回目の次郎長が初参加で、石松と一緒に船に乗っている行商人の役でした。セリフは一言だけ。でも、稽古はとても楽しかったです。

そのあとも斬られ役が多かったかな。第八回目の『七人の侍』なんかは、農民の役と斬られ役と両方やりました。第六回の『二十四の瞳』では、なぜか松坂大輔の役で、野球のユニフォームも着ました。『忠臣蔵』の浅野内匠頭は、だから初の大役です。しかし、あの吉良上野介がロリコンで、接待のために、内匠頭は、セーラー服着て、おさげにチョンマゲにしてる、って、すごい発想ですよね。稽古の時からこの扮装を何度かやって、演出の清藤さんと長英さんがいろいろ話し合ってました。で、結局、長英さんには、

「セーラー服を着た侍になれ」

って言われまして、「なにそれ?」と悩みましたよ。それだけ堂々としろ、という意味なんでしょうけど。ただ、あとで酒の席で、長英さん、「自分で言っといてなんだけど、オレにはできない」って告白したらしいですよ。

稽古はほとんど出ました。なぜか子供の遊び相手とか、佐々木節子さんのようなお年寄りの方の話し相手になっちゃうんです。大道芝居のおかげで、対人恐怖症は治りました。

第十一回（2005年）『赤城連幕切股旅鳥』

思い切った主役キャスティング

「すでに、台本を書いている時点で、今回が最後になるのはわかっていた」と柴田は言う。福田豊を通して、町からの補助金もその年が最後になるのは知らされていたのだ。低予算でやっているとはいえ、衣装もそれなりに揃

えるし、大道具、小道具の原価、音響、照明にかかる費用もある。

大道芝居そのものは、もう総員で70〜80人の大所帯になっていた。だが、町以外の人も数多く、おそらく、「なぜこれを町の予算で続けるの？」との声もあがっていたのだろう。なかなか難しいところだ。

しかし、その最後となった回の演目が「国定忠治」というあたりがとてもエグい。普通の感覚なら、ここにこそ「忠臣蔵」か、賑やかにいろんなキャラクターが出やすい、ということで「西遊記」とか、そういうものを持ってくるだろうに。

なにしろ、主人公は、捕り方に追われて、根城である上州・赤城山を離れて逃げ歩くヤクザ、つまりはアウトサイダーなのだ。大道芝居を作って来た多くの人たちにとっては、やはり体制側のヒーローよりもこちらの方が思い入れがしやすかったのだろうか。

演出は長英座長と柴田浩一の、もとの体制に戻った。

そこで、この首脳陣は、なんとも思い切ったキャスティングを決定する。

主人公・国定忠治役に、前回の吉良上野介、赤フン、赤ネグリジェで観客の度肝を抜いた獣医・兵藤哲夫をあえて抜擢したのだ。

参加してまだ三度目、シロートで演技力があるとはとてもいえない兵藤を選んだ理由はおそらくただ一つ、「面白そうだから」。無責任と言えば無責任だが、大道芝居らしいと云えば、らしい。細かいテクニックを求めるのなら、プロに頼んだ方がいい。それより、人前で平気で爆走できる、彼のエネルギーに賭けたのだろう。

今回も、新市長・中田宏も出演。

「一千代の誠ちゃん」も、とうとう忠治の手下・板割の浅太郎として、初めて人間の役をやる。忠治の手下役で金原亭馬治、金原亭馬吉（現・馬玉）も登場。ちょうど『冬のソナタ』が大ブームのころだったのもあって、ヨンさまに内山浩志、ユジンに朴慶南。荻野アンナはジャンヌ・ダルク役ながらも、実際はドラクロア描く『自由の女神』もどきで、胸元に模型のオッパイをブラブラさせている。

長英座長は、歌手・東海林太郎に扮し、時々出てきて『名月赤城山』をうたう。

本番前では、とにかく連日、兵藤の稽古が続いた。ことに最大の見せ場ともいえる、赤城山のシーンが繰り返し繰り返し行われた。

だが、なかなか長英の「ＯＫ」が出ない。あの「赤城の山も今宵限り……」の名ゼリフからして、すっきりとキマらないのだ。確かにシロートである兵藤にそれを求め

「赤城の山も今宵限り・・・」の名シーン。

東海林太郎に扮し、『名月赤城山』をうたう座長。

るのはキツいのだが、長英はギリギリまで粘った。

やがて諦めた。

諦めたところで本番が来た。場所はいつもの「叶家」の前の駐車場だ。

やがて終演に

ストーリーは、前回の『忠臣蔵』と比べると、だいぶすっ飛んでる。

故郷・国定村を追われた忠治だが、悪辣な手段でカネを稼ぐ商人を見ては黙ってはおけない。がっちりと痛めつける。

場面変わって、遊郭の「コスプレ鶴亀楼」。看護婦や女子高生などの扮装をした女たちに接待された悪い役人や商人が、いろいろな悪だくみを練っている。中でも美少女を海外に売り飛ばす計画が進行しているらしい。

ここに乱入するのが謎の酔っ払い・秋山祐徳太子だ。「この芝居はもう終わりか！　カネか！　カネの問題か！」など、通常ではタブーになるはずの言葉を叫び、去っていく。

ここから場面は、横浜に開いたばかりのフランス領事館に飛ぶ。悪い役人と商人が結託して、フランス人も迷惑してるから、退治してくれと、よりによって国定忠治に頼んでいるのだ。日本の幕府はとても頼りにならないらしい。

そこに、当然、脈絡は別になく、『冬のソナタ』のチョン・ユジンと、いじわるチェリンがチョゴリで登場。朴慶南と山崎洋子だ。山崎、

「私、聞いたわよ。あなた、第一回の一本刀土俵入りの時、肉襦袢着て大変だったらしいけど、今じゃ肉襦袢なしでも十分じゃない」

大道芝居の歴史をふまえつつ、体重を増やした朴をチクり。さすがに鋭い。はんとにチラッと内山のヨンさまが姿を見せた後、ナポレオン役が中田市長だ。「ゴミをちゃんと分別して、量も減らそう」と訴える。

そこへジャンヌ・ダルクの荻野アンナも入ってきて、

「ワインはフランス語でヴァン。さー、ヴァンヴァン飲みましょう！」

これはダジャレというより、教養というべきか。

いよいよ悪い代官の屋敷で、国定忠治ら善玉と悪い連中とのバトル。悪い連中に雇われた丹下左膳や平手造酒らも、忠治やジャンヌの手で、ノサれてしまう。

エンディングは東海林太郎に扮していた長英座長が、その扮装のままで、「つたない大道芝居を12年も付き合っていただき、ありがとうございました」と挨拶した後に、台本と演出の柴田とプロデューサー福田を紹介。いつも通り、『港町十三番地』をうたって終演となった。

そして、その終演を見届けて安堵したかのように、析頭・大内順は、その年の10月30日、自分の人生の最後の拍子木を打った。享年58。

（出演者は語る）

兵藤哲夫

（獣医。映画『影武者』のオーディションも受けるくらいの芝居好き。大道芝居には第十回の『忠臣蔵』で吉良上野介、十一回では主役の国定忠治を演じるなど、大役が続く）

長英さんの奥さんが野良猫の世話をしていたんです。それで、猫の調子が悪いというので往診したら、そのご主人が長英さんとわかって、いろいろお話しているうちに「芝居に出てみないか」と誘われたんです。もともと『影武者』で騎馬武者やった時は一カ月、人を雇って仕事休んだくらい芝居が好きだったもので、大喜びでお受けしました。

第九回の『銭形平次』が初舞台でした。幇間の音助役で、座を盛り上げるために大騒ぎするんです。獣医だからって、セリフの語尾に「ワン」とか「ニャン」をつけて。

元気でハジケてるからって、十回目では吉良上野介という重要な役をいただきました。柴田さんの、ややフザケた台本に合わせて、松の廊下で浅野内匠頭に裾を踏まれたらマジックテープでつけていた袴が落ちて、赤いフンドシ姿になるってのをやりました。大喝采でしたよ。腰痛が出て立てなくて、稽古場でも自分の出番以外は横になったりしてましたが、その苦労も報われました。

最終回の国定忠治役は、もうセリフが多すぎてね。柴田さんと長英さんには、さんざ文句言われっぱなし。何度も「今日はダメ、帰れ！」って怒られた。どうしてもセリフが覚えられなくて、暗記した言葉をそのまましゃべってるみたいになっちゃう。

本番での失敗も、いっぱいですよ。一番のミスは、大事な忠治の赤城山の場面、腕時計したまま出ちゃったことかな。見てるお客さんに「その腕時計はなんだ？」「忠治！今、何時だ？」とかいろいろツッコまれちゃった。「今何時？」と聞かれた時には、アドリブで「忠時」と答えましたけど。

大道芝居ほど、好奇心を満足させてくれて、ワクワクさせてくれたものはないですね。舞台がどんな世界か知らなかったから。小道具作ったり、稽古で他の人の代役やるのだって、楽しかったですよ。みんなで協力しながら出来るんだな、って実感しました。

（スタッフは語る）

大久保文香

（「大道芸実行委員会」のスタッフとして、大道芝居のスタートから終焉まで関わる。出演者としては、最終回だけ、猫の着ぐるみでラインダンスに登場）

結局、「フラスコ」があったから大道芝居は続き、「フラスコ」がなくなるとともに終わったということでしょうか。

一カ月も続けて稽古場として使えて、物置にも、作業場にも出来る場所なんて、なかなかないでしょう。コピーしたければ、二階にある、大道芸実行委員会の事務所のコピー機で台本コピーしまくれたし。

メンバーにも、大工仕事が得意だった方や、衣装を縫うのなら任しといて、という方や、いろいろいらっしゃって、みんなで助け合えた。

周囲には、確かに大道芝居は優遇され過ぎてる、という声もありました。「なんで町のカネ使って、他の町から来た人間まで加わって遊ばせるんだ」と厳しい意見を言う人たちもいました。

制作費も、一回につき、数百万円かかっているわけだから、それが町から出なくなったというのが、終わった最大の原因なのは間違いありません。でも、おカネだけじゃないです。「フラスコ」という「拠点」がなくては、あの皆さんのエネルギーは結集できなかったし、今でも厳しいと思う。

自由がありましたよね。やりたいようにやれた。1ヵ月稽古期間があって、最高でも投げ銭を分ければ一人1万円もいかない。それでも満足なんですから。

またやりたいか？　って聞かれたら、そりゃやりたいですよ。今でも大道芝居の人たちとは会いたいし、今度こそ、事務局とかじゃなくて、自分だって役者やりたいですよ。

ホントに最後に1回だけ、猫の役でちょっと出ましたけど、1ヵ月の稽古期間中は忙しくて、とても出演どころじゃなかったですし。大道芸フェスの方もあって、芸人さんとのやりとりや、経理もしていたわけですから。

昔は、打ち上げも盛り上がって、なかなか帰っていただけなくて困っちゃって。長英さんも柴田さんも、ダラダラ飲むの好きですからね。今は、大道芸の方の打ち上げやっても、みんなさっさと帰られるんで拍子抜けしちゃいます。

古くさい言葉だけど私にとって大道芝居は「第二の青春」だったと思いますよ。

第三章　野毛大道芝居・心に残る人、場所

YOKOHAMA
NOGE
DAIDOUSHIBAI

＊＊＊＊＊＊＊＊＊＊＊＊＊＊＊＊＊＊＊＊＊＊＊＊＊

12年11回続いた野毛大道芝居。

関係者の多くが、

「あの人の思い出はたくさんある」

「あの場所のことは忘れられない」

と語り出す「人物」や「聖地」がある。

その、「思い出コメント」の数々をここで紹介していきたい。

＊＊＊＊＊＊＊＊＊＊＊＊＊＊＊＊＊＊＊＊＊＊＊＊＊

高秀秀信さん

第三回『野毛振袖　風共火事場取組』に、現役の横浜市長として「鬼平」役で初参加。その後、毎回登場し、特に第七回『野毛版　無法松の一生』の玉井金五郎役は、「市長離れした名演技」として評判となる。2002年死去。

2003年の第九回公演は、「高秀秀信追善興行」と銘打たれる。

露木佳代子（高秀さんの長女）

「大道芸フェスを父と母、私の家族3人で見に行ったら、ちょうど平岡さんや荻野さんたちが、本のたたき売りをされていたんですね。

それで「市長も、どうです？」と誘われて本のたたき売りに参加した上に、「大道芝居もやりましょう」と声をかけてもらったんです。

父は横浜市長といっても、出身は北海道。横浜にほとんど「友人」といえる人はいませんでした。それで、セキュリティの問題もあって、青葉区の自宅ではなく、野毛の市長公舎に住んでいたんですが、大道芝居の稽古場の「フラスコ」が歩いてすぐ。稽古場に通い始めると、たちまちハマってしまって。たぶん「市長」という肩書から離れて、皆さん別扱いしなかったのが、とても楽しかったのでしょう。

私からすると、大道芝居での父は、

「こんな父親を見たことがなかった」

という思いでした。子供時代から、父は「仕事の鬼」でした。黒塗りの車で役所に行って、私が寝た後に帰ってくる人。

建設省で事務次官までやって、その後、前の市長が急死されて、横浜にたまたま住んでたということで推されて市長になった。典型的なカタブツの官僚です。

人前で笑顔をつくったり、自己アピールするなんてとても出来ないタイプでした。パッと見も怖そうで、あまり親しく近づいてくる人もいませんでした。

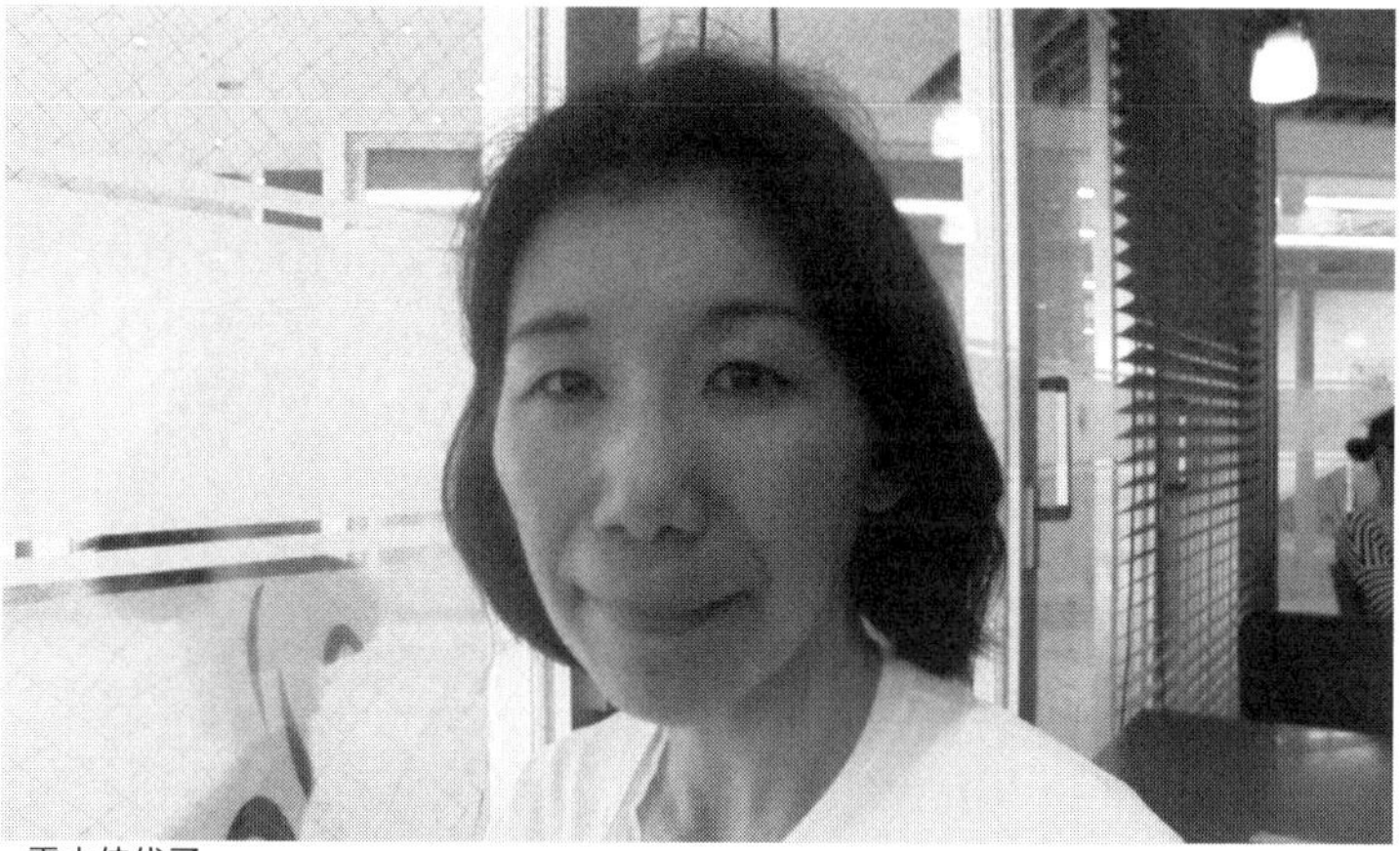

露木佳代子。

ところが大道芝居を始めた途端、本番で派手なメイクはするし、皆さんと一緒に稽古場で桜吹雪は作るし、まるで違う人間になってしまったみたい。

最初だけは稽古場にスーツ姿で、部下の方もついていきましたが、すぐに一人で、サンダルつっかけて通うようになっていました。

稽古が始まる時期になると、帰りが早かったですよ。なるべく会食とかは断って、「フラスコ」に通ってました。稽古全体の半分は通っていたと思います。

「仲間」が出来たのが、本当に嬉しそうでしたね。皆さん温かい方ばっかりだし、「一千代」で一緒に飲むのも気持ちよかったみたいですね。他の場所に行くと、どうしても気を使われますから。

私も母も、少しでも大道芝居に協力したくて、稽古場におにぎりや唐揚げの差し入れをするようになりました。

そのおかげで「娘さんも出演したら」と言われて、何度か出させていただきました。

母は、本番が近づくと、家で「投げ銭貯金」をしていましたよ。小銭をスーパーの袋一つ分くらいたくさん集めておくんです。それを本番前に、ちょうどいい重さに分けて、何十も紙に包まれた「投げ銭」を作る。母にいわせると、重いと届かないし、軽すぎると飛んでいってしまうらしいんです。

母なりに、父がめぐり逢った「道楽」を、一生懸命応援していたんですね。

亡くなった翌年、「高秀秀信追善」と銘打っていただいたのは母も私も、とても感謝しています。父のことを皆さんが「仲間」として認めてくれていたのが、ありがたかったですね。

たぶん父も同じ気持ちだったと思います」

「カメラマンとして、高秀市長のところに取材に行ったことがあるんですよ。その時に、「森チャン、今度はいつ台本出来るの？」って聞いてきて。

早く大道芝居の台本が欲しくて仕方ないみたいでしたね」（森直実）

「年があけると、市役所の秘書室から電話来るんです。「いつ台本ができますか？」って。

それで私が「どんな役をやりたいですか？」と市長に聞くと、「存在感がある役がやりたい」って。

投げ銭も、高秀さんが出るようになって額がグッとアップしましたよ。小銭を千円札で包んで投げて来たり。

でも、稽古場では、小道具に使う花作りでも、若手の女のコに、「おじさん、その紙の折り方違うよ」なんて言われて、「ごめんごめん」て謝ってました」（大久保文香）

「高秀さんが、しみじみこう言ってたことがありましたよ。

「実はね、僕は芝居やりたかったんだ。市長やめたら台本書きたい」って」（柴田浩一）

「高秀さんは政治家だから、よく声が通るの。それで閻魔大王の役の時も、堂々と「地獄の沙汰も金次第」って言ったら、一方向から集中的に投げ銭が飛んできた。市の職員さんたちが座ってたのね」（荻野アンナ）

「1999年に野毛ちかみちの完成披露があって、私も呼ばれたんです。それで高秀さんに、「もし雨になったら、ここで大道芝居やれますか？」って聞いたら、「誰に聞いたらいいかな、道路局かな」ってわざわざその場で聞きに行ってくれました。

それでニコニコ嬉しそうに帰ってきて、

「オレがいいっていえば、いいんだってさ」

あの時、本当に高秀さんは大道芝居を愛してるんだと思いましたね」（山崎洋子）

「高秀さん、「食べない？」って持ってきたお菓子すすめてくれたり、市役所の人にはちょっと偉そうなんだけど、オレたちには気を使ってくれてましたね」（関口誠一）

「高秀さん、北大で寮生活してたころ、一年上に俳優の牟田悌三さんがいたらしい。

高秀さん扮する玉井金五郎は、素晴らしかった。

大道芝居仲間と、肩のもみ合いもよくした。

それで芝居の台本書いたのに、牟田さんに突っ返されて、お役人になったみたい」（福田豊）

「高秀さんが水戸黄門役をやった時も、助さん格さんよりも先に、セリフがちゃんと入ってる。あんなに忙しい人なのにすごいって思ってご本人に聞いたら、奥さんと娘さんが台本持って、一緒に家で稽古してたらしいんですね」（原澤敬治）

「よく高秀さんとは肩のもみ合いをしましたよ。私が「疲れたでしょ」ってもんであげると、「オレもやるよ」ってやってくれるの。「セクハラじゃないからね」なんていって」（宮本和子）

「時間があくと、「フラスコ」に早めに来て、高秀さん、稽古してました。水戸黄門の立ち回りの練習とかやってると、高校生くらいかな、大道芸の方のボランティアの子に、「おじさん、ちょっとジャマ」なんて言われたこともありました。

高秀さんもムッとして、「稽古してるんだ」と言い合いになったりしたんですが、「オ

レは市長だ」とは一言もいわなかったです」（小嶋寛）
「僕と高秀さんは、大道芝居に出始めた年が一緒なんです。それで、まだ駆け出しの新聞記者だった僕が市役所に取材にうかがうと、「私と舟橋くんは大道芝居の同期だから」と、特別、フランクに接していただいて、ありがたかったです」（舟橋義人）
「高秀さんが市長から落選された時、平岡（正明）先生は、「高秀さんは市長なんて肩書よりも、もっと広い世界で活躍できる大きな器なんだ」と、かえって、ちょっと喜んでいたみたいでした。ただ、「市長っていうのはいいあだ名だったな。高秀さんと言うより、市長と言った方が楽だったし、今度からそう呼べないのが面倒くさい」と残念がってもいました」（内山浩志）
「高秀さんの追善興行の年、昼間雨降ったのに、芝居の時には上がって、虹が出たんだよな。「あ、高秀さん、来たのかも」ってみんな思った」（関口誠一）

平岡正明さん

今さら紹介するまでもない、ジャズから落語から歌謡曲から、座頭市から政治から、とにかくいろんなものを評論した日本を代表する論客。

大道芝居は、仕掛け人の一人として第一回から出演し、特に森の石松と座頭市を演じた時は、「入魂の演技」として、人々の感動を呼んだ。2009年死去。

平岡秀子（平岡さんの妻）

「清水次郎長で、森の石松やった回は、平岡もよほどうれしかったんでしょうね、毎日、いそいそと稽古に通ってました。ちょうど次郎長の本を出したばかりのころで、ずっと一日中、広沢虎造のレコード流してました。

いつもそうなんです。

落語でも浪曲でも、仕事だったり、一つのことに夢中になってると、一日中、そればっかり流してる。

私も、あの回が一番良く覚えてます。アンナさんがモンローやって、福田さんが、寒いのに赤フンになって。

着物の裾が引っかかって、舞台を頭から落ちたところは、そりゃショックでした。すぐには立ち上がれなかったですし。雨も降って、舞台が滑りやすかったのもあったのでしょうね。

福田さんは「芝居中止にしようか」って慌ててたのに、本人は立ち上がってからは案外ケロッとして、また森の石松やってました。意識は飛んで、みんな忘れちゃってたみたいだけど。

終わってからも、翌日も、「痛い」とか「ダメだ」とは一切言わなかったですね。それ言うと、私に「じゃ、来年から出ちゃダメ」っていわれるの、わかってたから。

ウチでは本当になんにもしない人なんです。冷蔵庫開けるのも面倒くさがって「頼む」と言ってくるような人なのに、宮本和子さんに聞いたら、「稽古場では小道具作りの手伝いでも、何でもやってたよ」だって。

まったく好きなことだけはやる人なんだ。

アンナさんとの掛け合いもおかしかったですね。どっちも命がけでバカバカしいことやるタイプだから。

座頭市の時は、ギックリ腰になってたりして、本調子じゃなかったんです。五回目の『文七元結』の時は心臓病で出られなくなったりもして。高秀さんに、「平岡さんがいなくちゃ淋しい」なんて慰められてました。

妙に高秀さんと平岡はウマがあったみたいで、外からは、

「なんであの平岡正明が、ガチガチの官僚と仲良くするんだ」

なんて攻撃されたりもしたけど、本人は全く気にしてませんでした。

たとえ腰が悪くても、殺陣は真剣に稽古してました。本番なんか、見ていてもヒヤヒヤするくらい本気。好きな事には手を抜かないんです」

「平岡さんがジャズの大家なのは知ってましたが、実はブラジル音楽もライナーノーツ書かれてるくらい詳しかったんですよ。

座頭市も平岡さんのオハコだった。

酒が飲めないのに、酒の席は大好きだった。

まさか野毛で思い切りブラジル音楽の話が出来る人がいるとは、僕も平岡さんも思ってなかったから、どっちも嬉しかったですねぇ」（石山和男）

「稽古場で、もう平岡さんは役になり切っちゃうタイプで。次郎長の時の石松役でも、せんべい食べてる姿まで石松になり切って、追分三五郎役の僕を、「おい、三五郎。せんべい食いねぇ」なんて言ってくる。

三回目の『風共火事場取組』の時も、本番で「萬里」のギョーザを食べるシーンがあって、平岡さん、本当に食べて、むせて吐いてました。「あ、この人、いつも本気なんだな」と感心しましたよ」（石山和男）

「平岡さんが座頭市になった時は、もうちょうど座頭市の本を書いてたらしくて、そのまま稽古場来るんで、座頭市になり切っちゃうんです。だから一緒に殺陣やっても、いつまでも終わらないから、最後には「長すぎる」って長英さんが怒り出す」（石山和男）

「専門学校の講師と生徒で平岡先生に出会ったんです。だから私にとっては先生は恩師なんですね。

先生のおかげで大道芝居に入って、たくさんの人を知り、広い世界も知りました。だから「恩人」でもあります」（内山浩志）

「平岡さんは、私と「横浜」をつなぐパイプ役になってくれたんです。いろんな方を紹介いただいて。「横浜は、黙ってるとダレもかまってくれない。こっちから飛び込んでいけばウエルカムだから」って。

大道芝居も平岡さんのお誘いで、平岡さんが舞台から落ちて脳震盪になった時も共演していたんです。すぐに起き上がってワルツ踊ったんですから、すごい集中力でしたね」（山崎洋子）

「僕が山賊の役やった時、稽古で平岡さんに突然、「セリフのあとにイッヒッヒって笑った方が面白い」とアドバイスしてもらって、みんなにウケたんです。それから妙に親しくなったなぁ」（宮本和雄）

「タウン誌『ハマ野毛』は平岡さんの独裁。平岡さんは、「誰かが思い切り旗ふらないといいものはできない」という主義なの。だから大道芝居については、「当然、長英さんの独裁でいいじゃない。オレは何でも従う」とキッパリ言ってた」（福田豊）

「平岡さんは酒飲めないのに、酒の席に来るのは好きだった。奥さんの秀子さんがしっかりしていて、「あの奥さんがいるから、平岡さんは『中年やんちゃ』ができる」ってみんな言ってました」（原澤敬治）

「平岡さんは、とても役に思い入れが強く、鏡を見ながらいかにカッコよくみせるか、いつも研究していました。特に着流し姿が決まっていましたね」（加藤桂）

「大変なのよ、平岡さんが座頭市やると、台本が1ページ多くなっちゃって」（宮本和子）

「座頭市の時でしたか、平岡先生、「長英さんには怒られちゃうけど、本番では握ったおにぎりをホントに食べちゃおうと思うんだ」とすごくうれしそうに話されてたんです。そういう茶目っ気のある、可愛い先生でした」（伊東みき）

「もう、セリフのところで何をいうか、いつもヒヤヒヤしてました。平岡さんのアドリブは、いつも危険なんですよ」（小嶋寛）

元次郎さん

日ノ出町駅前のシャンソンライブハウス「シャノワール」の主人にして、シャンソン歌手。若いころは男娼として街角にも立ったという。伝説の「ヨコハマメリー」の僚友としても知られていた。

大道芝居は第一回から参加し、第九回まで出演。２００４年亡くなる。その年の大道芝居は「元次郎追善興行」と銘打たれた。

「元次郎さんが花魁の役で出た時、衣装のままで「叶家」にトイレを借りに行ったんです。

でも、男と女とどっちに入ったらいいのか、花魁姿のままで迷ってましたね」（三森ひろみ）

「阪神淡路大震災の時、元次郎さんと一緒に慰問に回ったんです。なぜか宿は相部屋で、最初は女らしい眉毛の描き方から始まって、どうしたら男を歓ばせるか、というテクニックまでたっぷり聞かされて、とうとう明け方まで寝られなかった。

他の人たちには「二人でなにやってたんだ」って疑われましたよ」（大久保文香）

「亡くなる前までお店で一人で暮らしていて、「来て」と呼ばれて行ったら、あなたにはこれ、って花瓶のうしろに飾ってある花の絵をもらいました。「死んでいくんだから、私は何もいらない」って。あちこちに配ってたんですね。私が「いらない」っ

人生の奥深さを味わわせてくれる元次郎さんの歌声。

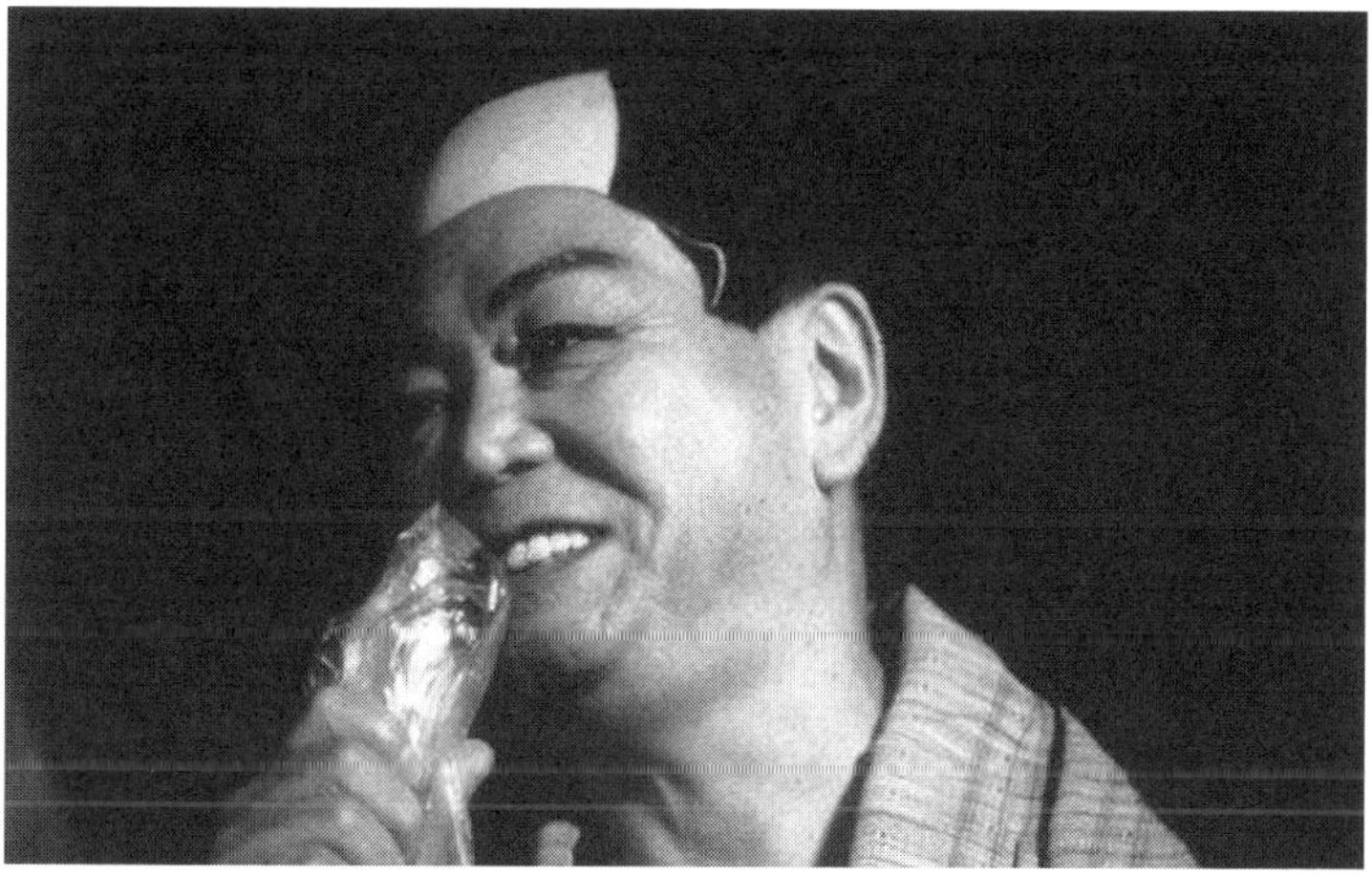

テレながらも、次郎長一家の大政も演じた。

て言ったら、「なにいってんのよ。あなたにはこれって決めてたの」と本気で怒られちゃった」（三森ひろみ）

「時代劇のカツラでも、他のみんなはゴム。元次郎さんは自前の本物のカツラ持ってきた上に専用の髪結いさんまで連れて来たりするんです」（三森みゆき）

「元次郎さんが清水次郎長で大政やった時、ヤリもってる元次郎さんに、「似合ってませんね」って言ったら、なんかすごくうれしそうににっこりしてました

それと、彫物師の見角さんが、元次郎さんに「バケモノ」って言ったことがあって、みんなで見角さんに、「そりゃないですよ」と抗議した思い出があります」（内山浩志）

「アイシャドーのひき方を教えてもらいました」（原澤敬治）

「終わりの頃は、体調崩されてほとんど出演はなくて、メイクやヘアのアドバイスをしてくれました。ご自分でメイク道具まで持ってきて、帰るときは一緒に元次郎さん

のお店のほうまで行くので、「持ちましょうか」とたずねると、「いいわよ。あなたも忙しいからお帰りなさい」と出来るだけ自分で運ぼうとしてましたよ」（宮本和子）

「旅芸人と一緒にうたったり、踊ったり、お芝居に出たりして、シャンソン歌手始めたのは40過ぎてからなの、ってしみじみおっしゃってました」（伊東みき）

「お化粧の指導の仕方はうるさいくらいでした。みんなの面倒を見て、決して手を抜かなかった」（浅木勝）

「ソノ道の東の横綱が元次郎さんで西の横綱が見角さんていわれてました。ナンパされるから気を付けろ、って注意されたりもしました」（目白バタイユ）

「中国旅行にご一緒させていただいたことがあって、行きは空っぽだった元次郎さんのアタッシュケースが帰りにはお土産でパンパンにふくれてました」（小嶋寛）

「元次郎さんから、グリーンのラメの付け睫毛いただきました。以前、芸者の格好をして、初詣でにお仲間と川崎大師にお参りに行ったら、襟にご祝儀入れてくれる人がいた、って喜んでらっしゃいました」（伊東みき）

大内順さん

県の職員であると同時に、平岡正明さんが主宰する「水滸伝の会」の会員だったり、前衛芸術家の人たちと交流があるなど、多彩な活動を繰り広げる。大道芝居では、拍子木を担当する柝頭として、芝居の進行にはなくてはならない存在だった。2005年、58歳の若さで亡くなる。

「とんでもない飲んべェで、『おはようから、おやすみまで飲んでる』って感じでしたが、舞台の時は、そんなの忘れさせるくらいキリッとしてました」（原澤敬治）

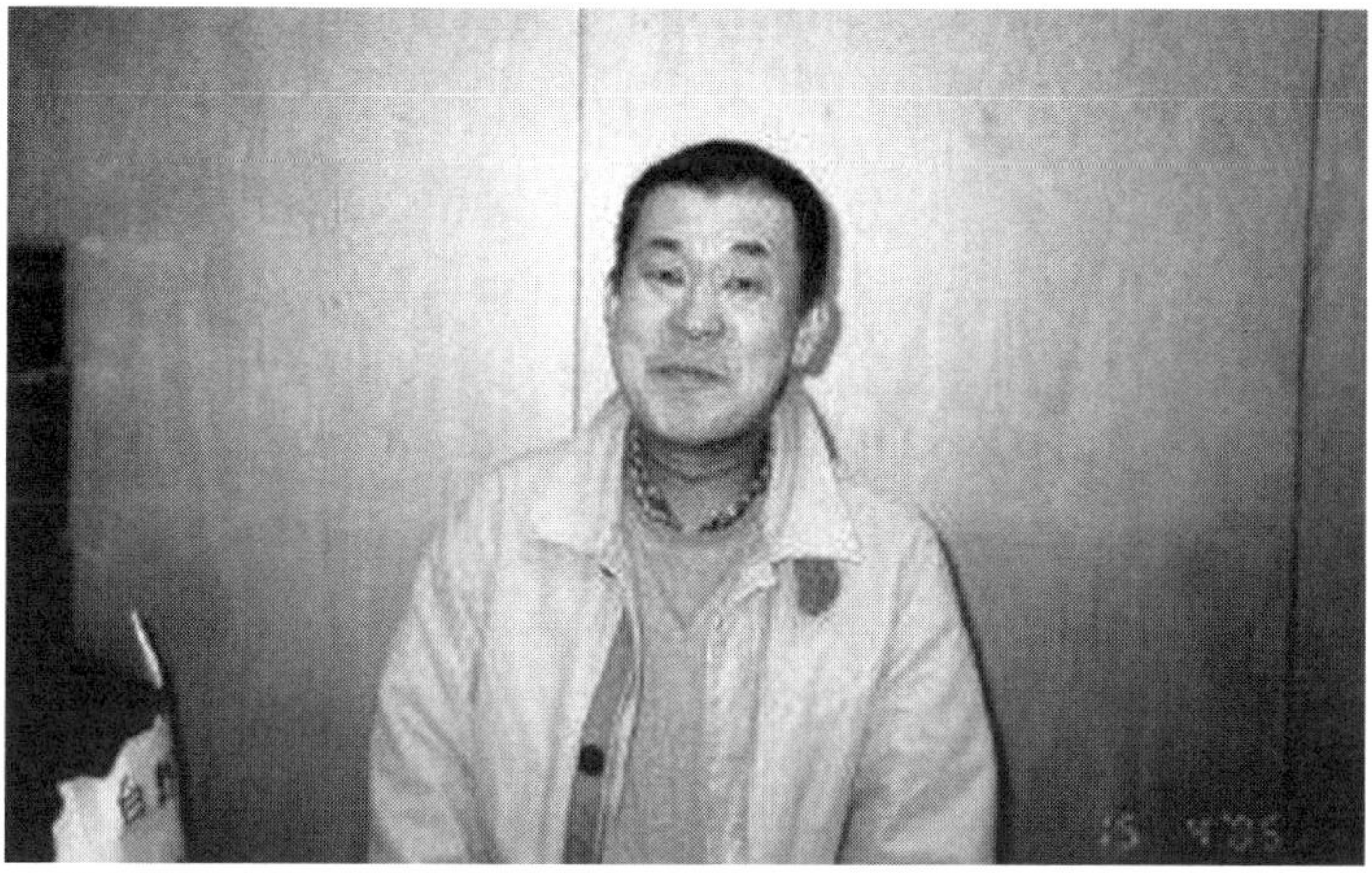

おはようから、おやすみまで飲んでいた大内さん。

定位置は弁士の少し後ろだった。

「大内さんは雪駄が大好きで、よく似合ってました。黒子の衣装で雪駄を履いて、拍子木を手にすると人が変わりました。絶妙な間合いで打つ拍子木が芝居を引き締めていました。」（加藤桂）

「普段、無口だけど図書館にいただけに博識でね。飲んで、歴史の話をしはじめると、途端に饒舌に語り出すんです。詳しいんですよ」（浅木勝）

「不思議な方でしたよ、大内さん。なぜか突然、どこからか「一千代」に、フォーク歌手の高田渡を連れてきて、歌わしちゃったりしてました。「飲ましてやるからこいよ」と別の店にいたの、連れてきちゃったらしい」（舟橋義人）

「日ノ出町の寿司屋で、大内さんが主催の前衛アーティストの会があって、なぜかそれによく呼ばれてました」（舟橋義人）

「『横浜ジャズ物語』って、「ちぐさ」の吉田さんが書いた本が欲しくて、野毛の古本屋捜し歩いてもぜんぜん見つからなかったんです。それ、飲んでて大内さんに話したら、「いい本だけど、なかなかないんだ」って言われて、何年かして、大内さんがプレゼントしてくれました」（舟橋義人）

「大衆演劇が大好きでね、よく浅草来てた」（美濃瓢吾）

「見た目、怖そうでしょ。しゃべってみると柔らかいの。あの落差が驚きですよね」（寺嵜弘康）

田井浩平くん

野毛のトンカツ屋「パリー（いち）」の息子さん。第一回から大道芝居に参加し、

第二回の『花の野毛山　次郎長水滸伝』で小学生にして小政を演じる。第五回で花魁を演じた際は、あまりの美しさに、観客も言葉を失ったといわれる。2011年、交通事故で亡くなる。25歳だった。

「花魁の時は、オカマの人たちに気に入られて、追っかけもいたみたい」（宮本和子）

「化粧映えするキレイなコでしたね。大道芝居が終わったくらいの年に、偶然、正月二日、そごうのバーゲンで会ったの。「洋子さん！」て声かけられて、振り返ったら浩平くんで。

「いつくになったの？」と聞くと、「ハタチです」と明るい声で」（山崎洋子）

「『二十四の瞳』で、戦争で目が見えなくなる生徒の役をやってました。一見、ちゃらんぽらんに見えて、真面目に役に取り組むタイプで、彼のシーンで、みんな泣いてました」（原澤敬治）

追っかけまで出た美少年・田井浩平くん。

「野毛生粋の若手が出なきゃ、と彼が呼ばれたんですけど、すごい美少年でね。第四回のパラパラ・パラダイスでは、無理やり「フーテンの寅」になってもらいました」（小嶋寛）

「そりゃ浩平くんで忘れられないのは『二十四の瞳』でしょ。目が見えなくなっているのに、卒業写真を前にして、『ぼくには見える』っていうあのシーン。ソデから見てて、泣いてる人がいっぱいいいたから」（寺嵜弘康）

小林カツ代さん

料理評論家。台所雑貨や食器のプロデュースなども手掛けた。大道芝居では、第六回の「二十四の瞳」に登場したのをはじめ、何度か顔を見せている。2014年に亡くなる。

「稽古場でお会いした時、小林さんに「健康でいたいなら、トマト食べなさい」ってアドバイスされて、それからトマト食べるのが習慣になったんです」（岩谷喜代晴）

「割烹着で、しゃもじ持ってニコッと笑うだけで空気が変わる、素敵な人でしたよ。大道芝居のギャラは、まず神棚にあげて、それから動物愛護協会に寄付していたみたい」（大久保文香）

「ラジオ日本の浅木さんの番組に、私も小林さんも出演していたんです。それで大道芝居のことを知った小林さんが、「私も出して！」って」（山崎洋子）

「小林さんに「大道芝居出ない？」と声をかけたのは、確か秋山（祐徳太子）さんだと思います。仲いいんですよ、二人」（浅木勝）

「稽古場でも気さくな、いい方でしたね。いつもニコニコしていて」（舟橋義人）

志摩明子さん

同じ「フラスコ」を拠点とする劇団「ボートシアター」に所属して、大道芝居の後半、スタッフのまとめ役として、手助けをしてくれた。

ちなみに大道芝居は、小道具のほとんどを「ボートシアター」から借りていた。

2013年亡くなる。


「ほら、長英さんや柴田さんは、スタッフのことは、ほとんど考えてないじゃない。だから志摩さんみたいな人がいないと困るの。一度だけ第八回の白雪姫の時、中村（行宏）さんと一日交替で鏡の精役で出演したけど、あとはずっとスタッフに徹してた」（宮本和子）

「今でも、長英さんの語りの会には、「ボートシアター」の皆さんが協力しているんですよ」（大久保文香）

ジル・エラネさん

フランス人でありながら大道芝居に出演。2006年、45歳で亡くなる。

「まだあまり日本語うまくなかったのに、いきなり第七回で、『サザエさん』のカツオ役をやってもらうんだから、みんな無茶なことするよね。一生懸命、日本語をローマ字にして役のセリフ覚えてましたよ」（宮本和子）

「帰り道が、二人とも東京なのでときどき東横線で、一緒に帰っていました。芝居の稽古、その後の呑み会につきあってヘトヘトで、電車の中で半分寝ているようなのに、「ジョン君は元気ですか？」と聞くと、「オー、ジョン」とパッと顔が明るくなり、身ぶり手ぶりで、ジョン君の近況を嬉しそうに話してくれました。本当に息子のジョン君を愛しているんだなと感じる一コマでした」（内山浩志）

白石武雄さん

シニア水泳の世界記録を持っていたスポーツマン。最終公演で悪役を演じた。ごく最近、すでに亡くなっているのがわかる。

「顔がげじげじ眉毛で、悪役にピッタリだったけど、元々サラリーマンの、ごくマジメな人でしたね」（宮本和子）

「誰の紹介だったのかなぁ。最初に会った時、顔と声を聞いたら忠治の敵役、山形屋藤造にぴったり、大抜擢しちゃった」（柴田浩一）

中谷　浩さん

野毛の居酒屋「叶家」主人。女優・樹木希林の兄としても知られる。2007年亡くなる。

「直接、大道芝居に関わりはないけど、「一千代」が客があまりいないのを心配して、福田さんに「一千代を大道芝居の拠点にしよう」って言いだしたのが中谷さんらしいです。だから、この人がいないと大道芝居はスタートしなかったらしい」（宮木和子）

「フラスコ」を自由に使えるようになったのも、中谷さんの力ですからね」（大久保文香）

「なぜか大道芝居のゲネプロの時に、「一千代」で私の独演会やったことがあったんです。

僕は「一千代」の客をあてにして、誠さんは僕の客をあてにして、どっちも相手頼みで4～5人しか来なかった。その時、わざわざ「叶家」のご主人がご祝儀持ってきていただいて、ありがたかったですねぇ」(目白バタイユ)

＊＊＊＊＊＊＊＊＊＊＊＊＊＊＊＊＊＊＊＊＊＊＊＊＊＊＊＊＊＊＊

さて、ここまで亡くなった皆さんの思い出話を紹介したが、亡くなっていない方でも、

「あー、あの人のことはどうも忘れられない」

と多くの関係者が名前を上げる人がいる。

ここで特に、二人だけご登場いただく。

くれぐれも言っておきます。

お二人ともまだ元気にご存命ですよ。

＊＊＊＊＊＊＊＊＊＊＊＊＊＊＊＊＊＊＊＊＊＊＊＊＊＊＊＊＊＊＊

佐々木節子

第四回の「パラパラ・パラダイス」、淡谷のり子役で大ブレーク。あまりに似ているところから、テレビ局のそっくり番組からオファーがあったとの噂も。「いいトコのお嬢さん」だったらしい、ともいわれる。すでに100歳を超えてご存命。

「佐々木さんのところに、今でもお見舞いにうかがいます。最近では、耳も遠いししゃべれないので、手をにぎっているだけですが、解るみたいです。しばらくしてから、「いいから帰りなさい」と手で合図してきます。

元気なころは僕を「私のナイトなの」と紹介してくれました」（内山浩志）

「キレイなおばあちゃんでね。淡谷のり子そっくり。ただ本人はそう言われるの、嬉しくないみたい」（大久保文香）

「「私はレディ。ババアよばわりしないで」ってしばしば言ってましたね」（石山和男）

「佐々木さんからはアクセサリーもらいました。「おばーちゃんじゃなくて、おねーさまって呼んで」って言われましたね」（荻野アンナ）

「オシャレで出たがりなカワイイおばあちゃん。一度白塗りにしたら、みんなが「（ヨコハマ）メリーさんみたい」ってあんまり言うんで、「私はメリーさんと違って品が

まさに淡谷のり子そっくり。

ある」って怒って、二度としなかった」（山崎洋子）

「元教師で、あまり年の差を感じないくらい気使いがありました」（原澤敬治）

「すごいマンションに住んでるお金持ちの奥さん。香水をいつもつけてて、とても匂うんです」（宮本和子）

「どこか四国か岡山あたりのお嬢様だったって聞きました。琴をたしなんでいるらしく、私が三味線をやってると言うと「士族の娘はお琴をたしなむの」って。

タイ焼きの差し入れがあって、私がガブッと食べると三日月型の歯型の跡ができて喜んでいたのですが、その時も佐々木さん、「真ん中を半分に割って食べるものです。下品な食べ方はいけません」って、育ちの良さがそのまま出てらっしゃいました」（伊東みき）

「あの俳優の早川雪舟とも知り合いだって言ってました」（目白バタイユ）

秋山祐徳太子

前衛芸術家であり、数々の選挙に出馬した著名な「泡沫候補」としても知られる。「元東京都知事選候補者」とは、自ら認める肩書。

大道芝居では、ほぼ話の流れと関係ない所で登場し、台本なしに、言いたいことだけ言って去っていく役で活躍。

「秋山さんは、お父さんは逓信省のお役人なんですが、早く亡くなって、母一人子一人だったんです。だから、「ウチは史上最高の母子家庭」っていつも言ってました」（宮本和雄）

「あの人は、誰かにルールを決められたり制度化されるのが大嫌いなんです。「自由」っていうか、「積極的成り行き任せ」が大好きだから、大道芝居と合ったんでしょうね」

（宮本和雄）

「平岡さんがお亡くなりになった時、「あともう少し生きてたら、もっと一緒に面白いことが出来たのに」ってしみじみ嘆いてました」（宮本和雄）

「秋山さんは、お店に入ると、他にお客さんがいても関係なく、昭和のナツメロをうたい出したりするんです。一緒にいると恥ずかしい」（宮本和子）

「私が「一千代」を通りがかった時、ちょうど秋山さんが寺嵜さんや大内さん達と一緒にいて、『満州娘』をうたってたんです。そこで、私は店に入って、秋山さんとうたって、踊って、そのまま「じゃあ」って帰っちゃった。あとで聞いたら秋山さん、「なんだ、あの女は」って驚いていたそう。

その後みんなから「あの秋山祐徳太子を驚かせた女」と言われるようになりました」（伊東みき）

一千代で飲む秋山祐徳太子と宮本和雄。

「サービス精神が旺盛な方なんでしょう。あのグリコのカッコを恥ずかしがらずにできるんですから」（浅木勝）

「秋山さんには、僕のイベントに二回くらい出てもらいました。『目白過激団』でやってて、秋山さんに落語もやってもらいました」（目白バタイユ）

＊＊＊＊＊＊＊＊＊＊＊＊＊＊＊＊＊＊＊＊＊＊＊＊＊＊＊＊＊

人物に続いて場所。

大道芝居には、大きな二つの聖地がある。

それは稽古場である「フラスコ」と、

たまり場である「一千代」だ。

そして、もっと大きな意味での聖地として

「横浜・野毛」もある。

＊＊＊＊＊＊＊＊＊＊＊＊＊＊＊＊＊＊＊＊＊＊＊＊＊＊＊＊＊

「フラスコ」

野毛大道芸実行委員会が、野毛山公園内の市立図書館の仮庁舎を横浜市から借り受けて1995年4月にオープン。演劇、踊りなどの稽古場、地域の人たちの活動の場などとして利用された。

大道芸人たちの稽古場であり、もちろん大道芝居の拠点でもあった。稽古場としてだけでなく、作業場として、また作られたセットの保管場所として、大道芝居になくてはならない場所だった。ちなみに「フラスコ」の名は福田豊の命名で、「実験場」の意味が込められていたという。2005年9月、契約が終了して閉鎖。

「「フラスコ」の裏で、屋根のない作業場があって、そこでペンキ塗ったり、ノコを引いたりするんです。

桜の木があってね、台本読みや作業が始まるころに桜が咲いて、稽古が続いているころに桜吹雪で、葉桜になったころに本番。よく休憩で、裏庭で焼酎飲んだりすると、コップの中に桜の花びらが入ってくるんですよね」（原澤敬治）

「稽古場であり、大道具、小道具、衣装の作りかけまでおいておける場所であり、集会所でもあり、作業場でもあり。なにからなにまで「フラスコ」でしたからね」（大久保文香）

「みんなで、出前でうどんやそばを頼むんです。届いて、食べる頃にはもうノビきったりしてるのに、これがけっこううまいんですよ」（石山和男）

「坂道に建っていて、床下に、すき間になる空間があったんです。それで、そこによく野良犬や野良猫が入り込んでました。ときどきホームレスの人もいたかな」（宮本和子）

「「フラスコ」の桜の木で首つりがあったって、聞いたことはあったな」（高橋長英）

大道芝居の拠点「フラスコ」。

稽古場では、よく代役の札をさげて稽古をした。

「なかなか思い通りにできなかった最初の数年は、坂を上がって「フラスコ」まで行くのが辛かったですね。後半になって、どんどん楽しくなったけど」（松本玲子）

「もともと一年中、「フラスコ」は劇団「ボートシアター」が拠点にしてて、二階には大道芸とボートシアターの事務所があった。

その大道芸の芸人たちを取り仕切ってる平木さんて人がいたけど、怒らせるとこわかったですよ。大道芸の方は出演者がプロで、お手伝いはボランティア。そこいくと、大道芝居はシロートばっかりなのに「フラスコ」を1ヵ月借り切ってたでしょ。だから、こっちをあんまり快く思ってなかったのかもしれない。よく「大道芝居は特別待遇」っていわれてました」（宮本和子）

「本番が終わると、「フラスコ」に戻って、みんなでおカネの計算をします。ただ小銭ばっかりで、もらってもつかいづらくてさ。僕はウチの奥さんに「好きに遊ばせてもらった迷惑料」って言って渡してた」（田中善明）

「一千代」

昭和22年から、三代にわたって続く、野毛のうなぎとふぐの名店。

店の名前の由来は初代にあたる関口千代江さんが、「子供育てるための一代の仕事だから」ということで「一千代」にしたという。

だが、一代で途切れることなく、三代目の、土左衛門やうなぎの役で大道芝居でも人気を集める関口誠一（通称・誠ちゃん）まで店は続いている。

大道芝居の打ち上げだけでなく、忘年会や花見でもみんなが必ず集まるたまり場ながら、注文した料理が出るのが遅い、というのと、普段、いついっても店がすいてて心配、との声が、しばしば大道芝居メンバーから上がっている。

「本番直前のリハーサルでしょうね、「一千代」の誠ちゃんが「うなぎ」の役で、うなぎの着ぐるみ着てたんです。そしたらお母さんがわざわざ店から「フラスコ」に駆け込んできて、みんな、何事かと思ったら、「誠ちゃん、大変。お客さんが来たよ」って。お店開けてれば、お客さんが来るの、当たり前ですよねぇ」（大久保文香）

「あるとき、稽古場に出演者がほとんど来なくて、代役、代役で、「これじゃ稽古にならない」って長英さん、あきれて、稽古やめて「一千代」に来たんです。そしたら欠席した出演者がみんな「一千代」で飲んでて、「何考えてんだ」って長英さん、本気で怒ったらしい」（大久保文香）

「一千代」の入り口の戸は、酔っ払いが飛び込んできて割ったのを、保険で直したらしいです。ボロボロになってたのがおカネをかけずにキレイになったって。ノレンも、ボロボロだったのを宮本和子さんが作りなおしたんですよ」（三森ひろみ）

「私も独身、誠ちゃんも独身。それにうちの両親は揃ってうなぎ好きだし、親背負って、箸もって「一千代」に嫁にいきたい、っていったの。そしたら、誠ちゃんのお母さんに、「レジも打てないような嫁は困る」って断られました」（荻野アンナ）

ご存知！　一千代。

「「じゃ、また」って「一千代」を出るでしょ。一年ぶりくらいに行っても、「ヨー」、お久しぶり」でも、「どうしてた？」でもなく、誠ちゃんはごく自然に「いらっしゃい」なの。どれだけ時間がたっても、自然に入れるって懐が深いですよね」（宮本和雄）

「前に秋山（祐徳太子）さんが若い人連れて「一千代」に行って、かば焼き注文してもなかなか出てこないんで、「どうした？」って聞くと、誠ちゃんが「今、さばいてます」 アタマにきた秋山さん、近くの中華料理屋に行っちゃった。

別の時に「早く出る料理は？」ってたず

ねられた誠ちゃん、「かまぼこなら」って答えて、近所にかまぼこ買いに行ったらしい」（宮本和雄）

「ずっと、お母さんが置物みたいにレジの前に座ってました。あるとき、午後4時くらいに「一千代」行ったら、そのお母さんを囲んで誠ちゃんや従業員がご飯食べてました。あ、こうやって毎日、お母さんを囲んでご飯食べてるのか、と不思議に感動したおぼえがあります」（宮本和雄）

「ウチのオフクロは102歳になって、まだ生きてます」（関口誠一）

「一千代」は大内さんはじめ、僕らがほぼ毎日行く店でしたからね。「いいちこ」を、柴田さんのボトルをあけたら大内さんの、みたいにみんなで飲みまわして、お通しとツマミ2、3品だけでずっとねばる。

たまにお客さんがフライを差し入れしてくれたり、店の賄い飯を食べさせてくれたりする。誠ちゃんは、「毎日来るし、しょうがねぇなぁ」なんて言ってるけど、あれ

福田豊と誠ちゃん

で商売になるはずないですよ」（原澤敬治）

「うな丼ライブって銘打って、ときたま店でライブもやるんです。うな丼一杯にドリンクついてライブチャージ込みで4000～5000円とか。大道芝居のメンバーが客と裏方と両方やるから、お客さん集める心配はない。大内さんのプロデュースで三上寛とか高田渡、長谷川きよしとか、出演者は「いかにも」って人たちばっかりでした」（原澤敬治）

「私、「一千代」でお運びと片づけのバイトをしていたこともあるんです。それで賄いも食べるけど、脂ぎった焼肉だったりする。それを店を閉める10時くらいに食べるから、誠ちゃんは血圧がとても高いんです。それで、「体に悪いからやめれば」っていうと、誠ちゃん、「オレより福田さんのが高い」って。福田さんは福田さんで、「誠ちゃんには負ける」って言い返す。いい加減にしろ、って気分だった」（宮本和子）

「私たちみたいに気心の知れた人間だけがいると、誠ちゃん、ホッコリしてるの。それで普通のお客さんがくると、露骨に「チェッ、客が来ちゃった」って顔する。あれじゃ、繁盛しないわ」（宮本和子）

「野毛盆、ジャズ盆と、野毛本通りで盆踊りをすると。すっごい人だかりなのに「一千代」はダレもいない。しょうがないんで、私が入って一人でビール飲んだこともある。ノレンも、しまわないままシャッター閉めちゃったりするから、文字は抜けるし、色だって変色して、布もボロボロになってる。私が作りなおしたけど、よくあそこまでにした、と驚くくらいボロだった」（宮本和子）

「大道芝居は、「フラスコ」でおカネの計算して、「一千代」でみんなに渡すんです。少しでもおカネに縁があって縁起がいいように、と「一千代」に大道芝居で使った「鼠小僧」の神さまを置いてます」（宮本和子）

「あそこは、うまいけど、遅すぎて、出てくるころには何頼んだか忘れるんです」（小嶋寛）

「飲むのに千円札がいらない店ですよね。大道芝居の当時は、ビール瓶は勝手に出して開けて、安いツマミ頼んで、百円玉が7～8枚あればすんでました」（舟橋善人）

「第三回目が終わったあとかな。大道芝居の仲間も、そのまわりも盛り上がっていて、秋に「一千代」でみんなで「ふぐちり食べ放題の会」をやることになった。

会費は4千円で、酒は持ち込み。それにしたってフグだから、誠ちゃんにしたら、大盤振る舞いだ。

最大限に見積もって、フグは40キロ準備した。そしたら約40人くらい集まって、それ全部食べちゃった。

ところが翌日、参加していた新聞記者が、朝の3時に緊急入院ってなって、誠ちゃんも大慌てでさ。まさかフグにあたったんじゃないだろうな、と心配してたら、どうも症状が違う。フグの中毒は呼吸困難になるのに、その記者はお腹が痛いという。

結局、あとでフグではなく、その日の昼飯に食べたコンニャクのおかげで小腸に穴が開いたのが原因だったらしい。

まさに誠ちゃん、一安心だった」（福田豊）

横浜・野毛

「大道芝居みたいなことは、横浜じゃないと実現できなかったでしょうね。ほら、人間関係が「タテハマ」じゃなくて、「ヨコハマ」だから」（荻野アンナ）
「横浜は、単なる村が一気に発展して、いろんな人が入ってグチャグチャに混ざり合っ

大道芝居を生んだ街・野毛。

た街でしょ。その伝統を受け継いで、大人になると普通、タテ社会になるのに、ここは混ざったあげく平等社会が出来ちゃう。私は「ヤミ鍋」って呼んでます」（山崎洋子）

「不思議なところですよね。野毛で「みんな集まれ」っていったら、お金にもならないし、時間も取られるのに、あんなに面白い人たちが集まるんですから」（大田エミ子）

「自由なんですね。ここならバカやっても大丈夫っていう街」（大久保文香）

「あたたかい街ですよ、野毛は。一度受け入れてもらえれば、いつでも入れるんです」（露木佳代子）

「嬉しかったですね、芝居で「野毛にラテンの風を吹かせた男」って紹介された時は。平岡さんにも「野毛には大道芸とジャズとサンバがある」と言われた時も嬉しかった。野毛にいてよかった、とつくづく思いましたよ」（石山和男）

「野毛は、なんか、居心地がいいんですよ」（内山浩志）

「いつもみんな、ワーッと来て、ワーッと盛り上がって、ワーッと引き上げてくんだ」（関口誠一）

「みなとみらいはカタカナ、横文字の街なんです。野毛はひらがなの街。そりゃ、飲んべはひらがながいいでしょ。そこに居場所があるって感じ」（原澤敬治）

「横浜には、なんでご飯食べてるかよくわかんない人がけっこういるんです。そういう人が、なぜか尊敬されてたりする」（小嶋寛）

「元町を長英さんと柴田さんと一緒に歩いてたの。すごくカッコいい看板があって、柴田さんが「これ、オレの会社が作ったんだ」って自慢したら、長英さん、「こんないい看板作って、なんで会社つぶしたんだよ」って。生粋のハマっ子・柴田さん、黙り込んじゃった」（宮本和子）

「普遍的に、より多くの地域に広がるのが「文明」とするなら、ごく一部地域に深く根付くのは「文化」。そういう意味じゃ、大道芝居は文化だったたんだろう。横浜の野毛だからこそ出来上がった文化」（福田豊）

１９９６年４月17日、野毛の街について、石田祐樹記者によって書かれた朝日新聞の記事もあるので、合わせて紹介しておく。

背広姿の初老の男が黒いカバンを持って現れたのが木曜の夕方だった。

「今夜、一人一万円で十人ぐらいの宴会できないか」と言う。

フグ料理のしにせ「村田家」のおかみ藤澤立子さん（四七）は「一万円」にちょっと心を動かされた。フグの季節ならともかく、六月ではなかなかの客だ。

男は名刺を出した。

「中小企業振興協会　中小企業診断士協会　渉外研修部長　千葉敏夫」

主人の智晴さん（四九）が、よそに貸していたテーブルを車に積んで戻ると、「もうすぐ定年」などと話していた男が、席を作り始めた。紙を細かく切って「秋庭局長御席」「佐々木理事お席」「小野先生お席」「山元様お席」と書き、はしの隣に並べていく。

「近藤正臣さまお席」「土田早苗さまお席」。芸能人を招くのは「仕事の御礼です」と説明し、「あとで板前さんも一緒に写真を撮りましょう」と誘った。そして、「会計方法　始まって三、四十分程して清算　手土産　店と相談　運転手待機　使用時間　一時間三十分程」

などと書いたメモを見せ、よくしゃべった。

しばらくして、「土田さんへの寸志を包んでおきたいが持ち合わせがない。あとで清算するので三万円立て替えてもらえないか」と言った。立子さんは、ここにずっといるようだし、大丈夫だろうと金は出した。

その後も男は「局長はやっぱりこっちかな」などと席順を入れ替えていた。

「飲み物の自動販売機ありませんか」と聞いたのは、その少しあとだ。立子さんが外を指さすと、男は店のアルバイト女性二人にジュースを買ってきて、自分は路上で飲んだ。

六時過ぎだったか。立子さんがふと外を見ると、男がいない。宴会が始まるはずの六時半を過ぎても、だれも来ない。主人が置いてあったカバンを開けると、「ご結婚お祝い用の祝儀袋」一つと封筒が六枚。

立子さんは「ずいぶん手の込んだシナリオだな、とむしろ感心してしまいました。時給はあんまりよくないですね」と笑う。

「三万円という非常に微妙な線をついてきた」ので、被害届も出さなかった。用意した十二人分の料理は従業員や家族で食べた。

昨年六月にあったこの話を聞いて喜んだのが、「ホラ吹き萬里」と親しまれている中華料理店「萬里」の福田豊さん（五五）だ。藤澤さん夫婦が「いまいましいから捨てよう」といっていたカバン小道具一式を、「もったいない」と譲り受け、話を広めている。

十九、二十日に行われる大道芝居「花の野毛山・次郎長水滸伝」の座長、俳優の高橋長英さん（五三）も、「役者として、つめのあかをせんじて飲ませたいくらいです。ぜひお顔を拝見したい」と絶賛する。

大道芸が行われているのは「大道芸ウイーク」だけではない。いつも、だれかが芸を披露し、それを楽しんでしまう人々がいる。野毛はそんな街だ。

確かにそんな街なのだ。

第四章　座長・高橋長英は語る！

YOKOHAMA
NOGE
DAIDOUSHIBAI

「稽古するんですか？」に驚かされた

やはり、最後を飾るのは、この人物しかいない。

「永遠の座長」高橋長英だ。生粋のハマっ子とはいえ、映画、舞台、テレビで数々の名演技を見せてくれた「プロ中のプロ」が、いったいなぜ、テンデンバラバラな人たちの集まるハマのドシロート集団「野毛大道芝居」のリーダーを引き受けることになったのか？

みんなに演劇の素晴らしさを伝えたいという崇高な使命感か？　それとも、何か、断りたくても断れない「弱み」でもあったのか？

そして、いざスタートした後は、どんな苦労と、どんな喜びがあったのか？

本人にじっくりと語っていただこう。

――座長を引き受けることになった経緯からうかがいたいんですが。

「最初、『R』のカウンターで飲んでたら、いきなり福田くんが来て、「大道芝居、やっ

ほろ酔い加減で語り出す座長。

てくんない？」って頼んで来るわけさ。

ほら、あの人、ホラばっかりだし、どうせウソっぱちだろうと、こっちも軽く「いいねぇ、やろうよ」なんて答えちゃった。

そしたら、トントン拍子にやる方向にいっちゃって、気が付いたら「座長」になってた。

だけど、一回目は「フラスコ」の稽古場がまだなかったんだよ。きょうはこっちの会館、明日はあっちの公民館って稽古場、移動するだけで大変だった。本番直前にセット作って移動させるのも一苦労。

オレ自身も、大道芝居なんて経験な

いし、それ以上に集まってきたみんなが、とんでもなかった。

「芝居やりたい」「じゃ稽古は明日から」「え？　稽古ってあるんですか？」

そんな人たちばっかりだもん。芝居には稽古が必要、ってそこから言わなきゃならない。

かりにもお客さんに見せるわけでしょ。しかも投げ銭とはいえ、おカネだって、もらう。中にはわざわざ電車賃を使ってきてくれるお客さんもいるだろう。

そういうのをぜんぜんわかってない。ノンキなもんだった。どうせお客で来るのは知り合いだろうし、身内を笑わせれば満足、って感覚だから。

プロじゃないし、技術がないのは仕方ない。セリフをトチるのもやむを得ない。ただ、同じ失敗なら、一生懸命やった上でトチろうよ、と。

どこまで理解してもらえたかは、よくわからない。ただ、プロばかり集まる芝居とはまったく違うスリルとサスペンスはあったね。ホント、何が起きるかわからないから。

その意味では、ずっと楽しかった。

――第一回から、忘れられない強烈な思い出を語っていただければ。

「一回目の一本刀土俵入りとウエストサイドの合体は、あれはまさに野外劇だった。舞台ないんだから。道路の前後ろにお客さんがいて、その真ん中で芝居するなんて、よく許可が出たもんだと、今でも不思議なくらい。

酔っ払いが突然、芝居に参加して来たり、交通整理のスタッフとお客さんがケンカ始めたり、トラブル続出。福田くんも苦労したと思うよ。でもまあ、本人が言い出しっぺだし、苦労して当然か。

それで、一回目は盛況で、「よし、二回目もいこう」ってなったら、うまく出演者が集まらなくて、翌年は流れちゃった。ようやく「フラスコ」も使えるようになって、設備は充実したのに、みんな、来ないんだから。

その中で、すごく忙しいはずの田中優子さんがわざわざ本読みや顔合わせにも出席してくれて、稽古に来てくれた。彼女も、出演する予定だったの。ある日、雨が降る中を彼女が来たけど、人が来ないので稽古は中止。「フラスコ」の事務所に大久保さんがいて、

「すいません。きょうは稽古は無理みたいです」

って引き取ってもらった。で、結局、芝居も中止。彼女には悪いことした。

駐車場でやった二回目は、近くの住民から「うるさい」ってクレームが来たのを、福田くんがうまく処理してたのと、弁士が鵜飼いの鵜匠みたいに出演者をうまくコントロールしてたのが忘れられない。

三回目は、確か、前よりも広い駐車場に会場が変わったんだな。東急建設がスペースのある舞台を作ってくれて、セットもしっかり組めた。相撲取りが登場するんで、どう体を大きくみせたらいいかと考えた末に、横浜橋で大きなゴミ箱買って、首が出るように穴をあけて作ったのを覚えてる。確か700~800円かかった。あまり予算は使えないので、体に合う衣装じゃなく、体の方を衣装に合わせる感じだったな。

第四回のパラパラ・パラダイスは、いつも以上にストーリーが支離滅裂だった。

第五回の文七元結は、お金をなくして身投げしようとする文七に、強引に金を渡して去っていく長兵衛の場面が見せ場で、文七役の小一朗くんと長兵衛役の柴田ちゃんは、これ以上ないくらい一生懸命に稽古つけた。毎日、3時過ぎから最低2時間は、二人を呼んでみっちりやった。来た仕事断ったくらい。

今でもなんであそこまで真剣になったかわからない。たぶん、この回の稽古中だったと思うよ。あまりに出席者が少なくて、稽古はやめにして暑気払いするか、って数少ない出席者と一緒に「一千代」行ったら、そこに欠席者がみんないて、もう飲んでたって話。あの時はハラ立ったけど、しょうがないよね。仕事終わって、急な坂道をわざわざ上がって稽古に行くより、途中で飲んだ方がいい、って気持ち、こっちもわかるもん。

第六回は『二十四の瞳』と『坊ちゃん』が合体する芝居ね。あれはしっかりと骨格が出来ていて、芝居としてまとまってた。

戦争の後のお墓のシーンなんて、僕も泣きそうになったくらい。山崎洋子さんのおなご先生もよかったし、ああいう一本筋が通ったストーリーだと、みんな、あんまり余計なことしないってわかったね。割と台本に忠実だった。

芝居をやり切った充実感を味わえた回だったな。

七回目の無法松の時は、もう朝から、「雨降ったら中止」ってオレは言い続けてた。「後楽園球場の天覧試合は、長嶋の打ったボールが夜空に吸い込まれて行くからいいんで、ドームなんて野球じゃない。野球と大道芝居は雨になったら中止」もう、「一千代」で集まって飲みながら、わけのわかんないこと言ってた。ただ、大久保さんも降ってもやれるように、朝6時くらいから動いてたし、福田くんはいつになくきっぱりと、

「中止にはできない」

そりゃそうだ。セットや衣装代、音響、照明とか合わせれば何百万てかかってるんだ。プロデューサー役としちゃ、簡単に「じゃ、やーめた」とはいかない。こっちは気楽に「やめよう」なんて、申し訳なかった。

結局、例の「ちかみち」でやったんだけど、これもなかなか名作だった。駐在さん役の中村さんのドリフのおまわりさんみたいなヘンな東北弁も秀逸なら、金五郎役の高秀市長が、いい芝居してた。

ラストシーン、無法松の死を惜しみつつ語る場面は、感動的だった。高秀さんの温かい人柄がそのまま出るんだね。

オレも、確かに稽古場の演出ではよく怒るけど、基本的に大道芝居の仲間としては上下関係はないと思ってる。それを最もちゃんと体現してくれたのが高秀さんだったよ。

稽古では私に怒られ、みんなで小道具や紙吹雪作ったりするときには、宮本和子さんあたりに、「もっとしっかり作ってください」とか文句言われ、それでもニコニコして一緒に参加していた。出来た人だったね。

八回目の七人の侍の時は、山賊役の宮本和雄さんと、百姓役の田中善明さんが強烈だった。まるっきり最初から演技をする気持ちもなくて、ただ、舞台に日向ぼっこしに来たみたいだったね。あれは、とても「プロの俳優」では出せない。

九回目の銭形平次はほとんど参加できなかったし、十回目の忠臣蔵は一部の演出はしたが、あまり主体的に動いてないね。

最終回は、もう主役の国定忠治を演じてくれた兵藤先生をどう演出するかで、むちゃくちゃ苦労した。

キャラクターが面白いし、この人に任せてみようって、キャスティング決めたのはオレだから、責任はある。でも、途中で、「これ、どうしたらいいの?」と、正直、投げ出したくなった。

国定忠治っていったら、つまりヒーローでしょ。ところが兵藤先生はお茶目で遊び好きなんで、まるで灰神楽の三太郎みたいになっちゃう。ストーリーの幹にならない。とにかく型にハメて、「こうやってください」とやってくしかない。

だって、「赤城の山も今宵限り……」の名ゼリフくらいは、きっちりとカッコよくキメてほしいじゃないですか。

うまくいかなかったな。結局、もっと広い心をもって「兵藤先生なりの忠治」を作っていかないといけなかったのかもしれない。ただ、それできる「プロの演出家」は、なかなかいないと思うよ。

――苦労が多くても10年以上付き合ったってことは、やはり楽しかったからでしょうね。

「そうりゃそうさ。

まだ、大道芝居の初期だったころ。

最終回・東海林太郎に扮したとき。

はじめに福田くんの話に乗ったのも、「子供に戻ったみたいなドキドキ感」があったからだし。どんな、わけのわからない人たちと出会えるのだろうかって。

しかも、世の中、自分で参加して思いっきり燃焼できる機会ってなかなかないでしょ。コンサートやライブ行ったり、テレビや映画見たりはあっても、自分がそこに出るなんて、できない。それも、40超えて、思い切りバカバカしいことを、なんてもっとしなくなる。

その場があったってのが、スゴい。

一つのグループで年も違えば仕事も違う、持ってる価値観はさらに違う人たちが協力し合って同じ空間を作り出すなんて「遊び」として最高だよ。

環境的にも恵まれ過ぎてた。プロの小劇団なんて、アルバイトしながら生活費を稼いで、チケットも自分で売り歩かなきゃいけない。その点、大道芝居は自己負担はない。土台を作ってくれた福田くんや大久保さん、平岡さんたちのおかげだよ。稽古場だって、「フラスコ」があった。

だから、同じ遊びでも、真剣に遊ばなきゃいけない。

俺の演出は厳しいってよく言われたけど、当たり前だよ。真剣なんだから。

――特に稽古では、どういうところを厳しく指導したんですか？

「声の大きさ。『風呂の中で屁をしたような声じゃダメ』とはよく釘刺した。

本番は外だし、あちこちの音もいろいろ入ってくる。音響も、一応、舞台の音は拾うとしても、個人一人一人にピンマイクなんて付けられない。芝居はセリフが聞こえなきゃ話にならないのに、声が通らない人が多かったから。

それと、もっとちゃんと稽古に出席してほしい、とは繰り返し言った。

みんな、仕事抱えて、なかなか来られないのはわかる。ただ代役ばっかりだと、どうしても空気はぬるま湯になる。人によっては稽古もろくに来ないくせに、本番でアドリブ連発して舞台を脱線させちゃうこともある。

ナメてんじゃないよ、と言いたかった。楽しむのはいいが、まず前提として、ちゃんと台本を覚える姿勢がないとダレちゃう。

その代わり、稽古が充実してた日は、なぜかみんなで『タヌキうどん』頼んで食べました。普段店で食べるタヌキうどんより、ずっとうまかった。

「フラスコ」っていう場所の雰囲気は、とてもよかった。周囲を緑に囲まれていて、心落ち着くし、丘の上で、坂を下りていくと飲み屋街があって。駅だって、桜木町と日ノ出町の両方に近い。あんな立地は、日本のどこに行っても、ちょっとないでしょ。

しかも大道芸の人たちも一緒に使っていたんで、いろんな道具が置いてあるわけ。岩谷さんに、いきなり「フラフープ回しながら出て来てよ」って演出付けたのも、ちょうどそこにあったから。

やってもらうと、ショックうけるくらい面白い。バカバカしさが際立つの。森直実さんに舞台背景の絵を描いてもらうんだって、「フラスコ」がなきゃ、やれない。シーツ4枚分広げて、そこに描いてくわけだし。

あのシーツは、大久保さんがマンダリンホテルから、使い古しをタダでもらってきたもの。地元のいろんな人にお世話になってる。

「フラスコ」っていえば、トイレに入ったら、よくいたずら書きがしてあった。たとえば小の便器の前に、

「キミのはそんなに長くない。もう一歩前に。↓↓↓でも太い」

なんてあったのに笑った。さすがに2〜3日したら、誰かが消してた。

――メンバーの中で、強く印象に残った人といえば？

「個性派揃いだったからなぁ。

野武（貞夫）さんなんて、ジョギング仲間で、森林公園を走ってて知り合った人だけど、昔、ヤクザの組に出入りしてたり、ケンカで何十回もつかまったりしてたらしいのに、ビックリするくらい働き者だった。

三回目の、相撲取りの体作るゴミ箱捜しだって、あの人と一緒にやった。ラーメン屋開いたり、庭師やったり、今は介護の仕事してるらしい。

亡くなった平岡さんも忘れられない。

芝居の最初のころは、稽古場に来て、一人で空手の練習やってたりしてるのを見て、「ヘンな人だな」と思ってた。

すごく心優しい、熱い人だってわかったのは、もう四回目くらいになったころだ。

スタッフの中に、あまりにも仕事が出来ない若者がいて、オレは、ついつい「彼にはやめてもらおう」と言っちゃった。

すると、普段は決して反論しない平岡さんが、その時だけ猛然と反発してきたの。「今やめさせたら、彼は必ず傷つく。来てもらった以上は、面倒見る責任が座長であるあなたにはあるはずだ」

気が付いたな。こっちも、芝居作ることだけ考えているうちに、いつの間にか「使える人間」「使えない人間」に分けて、「使えない人間」は切り捨ててしまえ、ってなっていた。

あ、オレがおかしくなってた、って。目からウロコだね。

亡くなったといえば、元次郎さんも、あの、人を見る目の鋭さは忘れられない。

「トランク一つで、客もほとんどいない温泉宿に行って、シャンソンうたったわ」

なんてポツリと話す昔ばなしが、味があったな。

「シャノワール」にも、元次郎さんの歌聴きに、何度も通ったよ。

二回目の次郎長の時は、大政役で、長い槍を持て余してたの、覚えてる。

そうか、大政が元次郎さんで、小政が、まだ小学生だった「パリ一」の浩平くんだったんだな。

二人とも亡くなっちゃったのか……。

――横浜の野毛だからこそ10年以上続いた、っていうこともあったんでしょうね。

「そうだな。野毛は、街の中に図書館と、ジャズと、焼き鳥の匂いと、カラオケの音と、いろんなものがみんな混在してる。

しかも、やってたのが屋外でしょ。港町特有の猥雑な感じが、みんな溶け込んじゃう。同じ横浜でも、赤レンガじゃだめなんだ。観光化し過ぎて「小ぎれい」になっちゃってる。

いや、他のイベントならありかもしれないが、大道芝居は違う。誘われても、断っちゃった。

大道芸のイベントは静岡をはじめ、各地に広がったのに、大道芝居は広がらなかった。大変なんだ。単なるアマチュアってだけでなく、あれだけ年齢、職業もバラバラな人間が集まるのも難しければ、しっかり稽古して、うまくまとまっていくのも難しい。

モノと人の移動にも地域のバックアップが欠かせないし、わけのわからないクダラないものを許容する土壌もなくちゃいけない。

他の地域で根付くのは、無理だったのかもしれない。

だいたい「一千代」なんて店が存在してるの自体が野毛ならではだよ。

「おい、「一千代」に客が二人もいたよ」

「世紀末じゃないの」

なんて言われるくらいで。ああいうのは、みなとみらいにはちょっとない。

いるのは知ってる顔ばっかり。大道芝居の仲間たちの花見や、忘年会や、新年会や、みんな「一千代」でやったって、他のお客さんはほとんど見かけない。

誠ちゃんも、どれだけ商売やる気があるのかさっぱりわからない。

柴田ちゃんなんか、行くたびに文句ばっかり言ってるわけ。

「お客が来るとイヤな顔する」

「「一千代」行っても、いつ頼んだもんが出てくるかわかんねぇ。誠ちゃんサイテーだよ。要領悪すぎ」

「どーしよーもねぇ店だ」

でも、「一千代」と誠ちゃんが好きでしょうがないんだろうな。悪口ばっかり言ってるくせに、またわざわざ行くんだから。

柴田ちゃんは、ホントに嫌いな相手には口も利かないタイプ。

心落ち着くんだよ、「一千代」は。

「一千代」のトイレの入り口には段差があって、よくつまずいて転びそうになるんだ。

福田くんが前立腺の手術した後で、3分ごとにトイレに行ったことがあって、一緒に「一千代」で飲んでて、「転びはしないか」ってずっとヒヤヒヤしてた。内心、ちょっとは転ぶのを期待してた。

あれもいい思い出だ」


――最後に、大道芝居を一言で言うと？


「手間のかかるユートピア」かな。

稽古はちゃんとしないし、本気で芝居に取り組もうって気がない人間もたくさんいて、腹が立ってしょうがなかったけど、そこがまたとても楽しかったんだろうね。

俳優座の同窓会とか、三期まとめると百人以上いるはずが、30人も集まらない。たとえ集まっても、年もいっしょくらいだし、考え方や生き方もあんまり変わらない。

「大道芝居は手間のかかるユートピア」と言い切る座長。

だから、たいして面白くない。

　その点、大道芝居のメンバーは「飲もう」っていえば集まってくるし、バラバラで、生き方もまったく統一感がない。面白くてしょうがない。

　よく、こんなメンバーで芝居が出来たと、呆れつつ、酒のペースがどんどんあがっちゃうわけさ。

　今度、その大道芝居の本が出るわけだけど、たとえそこに登場していなくても、大道芝居を支えてくれた人はたくさんいる。その皆さんを含めて、関係者の方々には、感謝、感謝しかないね。」

横浜・野毛大道芝居の日々

2018年9月10日　初版発行

著　者◆野毛風太郎
発　行◆(株) 山中企画
〒114-0024 東京都北区西ヶ原3-41-11
TEL03-6903-6381　FAX03-6903-6382
発売元◆(株) 星雲社
〒112-0005　東京都文京区水道1-3-30
TEL03-3868-3275　FAX03-3868-6588

印刷所◆モリモト印刷
※定価はカバーに表示してあります。
ISBN978-4-434-25148-1　C0074